职业院校汽车类“十三五”微课版规划教材
汽车类“十三五”职业教育教学资源研发项目

万通汽车教育
WONTONE AUTOMOTIVE EDUCATION

U1068316

汽车底盘机械系统实训工单

AR版

陶青◎主编
舒一鸣 王维国 牛书海◎副主编
朱军 孙健◎主审

人民邮电出版社
北京

图书在版编目（CIP）数据

汽车底盘机械系统实训工单 ： AR版 / 陶青主编. --
北京 ： 人民邮电出版社，2019.9
职业院校汽车类“十三五”微课版规划教材
ISBN 978-7-115-51073-0

Ⅰ. ①汽… Ⅱ. ①陶… Ⅲ. ①汽车－底盘－机械系统
－高等职业教育－教材 Ⅳ. ①U463.1

中国版本图书馆CIP数据核字(2019)第065986号

内 容 提 要

本书是“汽车底盘机械系统”课程的配套实训工单。本书主要包括三轴五挡变速器、两轴五挡变速器、万向传动装置、驱动桥、离合器、悬架、轮胎、汽车四轮定位、减振器、转向系统、液压助力转向系统、制动器、制动系统等13个实训项目。

本书既可以作为职业院校汽车类专业同类课程的实训教材，也可以作为企业职工培训（或自学者学习）同类技术的辅助用书。

◆ 主　　编　陶　青
　副 主 编　舒一鸣　王维国　牛书海
　主　　审　朱　军　孙　健
　责任编辑　王丽美
　责任印制　马振武

◆ 人民邮电出版社出版发行　　北京市丰台区成寿寺路11号
　邮编　100164　　电子邮件　315@ptpress.com.cn
　网址　http://www.ptpress.com.cn
　北京市鑫霸印务有限公司印刷

◆ 开本：787×1092　1/16
　印张：9　　　　　　2019年9月第1版
　字数：220千字　　　2026年1月北京第23次印刷

定价：25.00元

读者服务热线：(010) 81055256　印装质量热线：(010) 81055316
反盗版热线：(010) 81055315

丛书编委会

顾　　问： 许绍兵　陶　青　徐念峰　赵丽丽　费维东

主　　任： 何　扬

副 主 任： 潘耀才　李迎春　刘明春　张荣全　裴　勇　陈应连　江丽萍
李永朋　潘太煌　臧金勇　方宏刚　李华东　李登宝　方胜利
丁　旭　郑凯勇　陈　昊　张荣福　杨　柳　陈　浮　金宏中
韩　明　崔　郑　王国福　王林江

编审委员： 廖光宙　梁学宏　李长娥　李仰欣　张传明　徐　勇　舒一鸣
谢伟伟　李　新　袁种宝　段淮馨　张　伟　爨要锋　吕　鹏
叶永辉　何疏悦　程本武　孙敦侃　柯文浩　朱　雯

专业委员： 郑陆保　练杰城　张　庆　阳　鑫　张国巍　王建辉　陶世军
李　超　续　峰　梁　奇　康　君　韦万春　占　伟　李　果
岳　光　郑超志　刘红雷　王　亮　李东阁　王　佳　阚建辉
周紫超　王　勇　沈　涛　朱恒刚　陈晓龙　赵新峰　李　鹏

视频编导： 朱　雯

实训教师： 周小康

技术指导： 马祖荣　张亚东　叶永辉

视频制作： 吴　阳　邵顺顺　刘　伟

视频解说： 朱　雯

本书编委会

主　　审：朱　军　孙　健

主　　编：陶　青

副 主 编：舒一鸣　王维国　牛书海

参　　编：张龙龙　李　超　荆　宇　张海滨　李永国　常　镇　王国庆
李炜东　冯国栋　马春伟　张　林　王明洋　衣天培　杨九柱
赵　方　杨　涛　何树生　韩永昌　桂仲强　王修兴

前言

随着中国汽车市场进入稳定期，汽车后服务市场的“黄金时代”已经到来。而汽车维修行业高素质技能人才越来越紧缺。

优质的服务需要完善的知识储备，更需要专业的操作技能。知识让我们的技能更具有含金量。然而，同样的服务，同样的技能，差异在哪里？差异在于规范。规范存在于工作的每一个细节中、每一个服务过程中。

万通汽车教育研究院编写的汽车检测与维修技术专业的系列丛书第一期共 6 本，包括“汽车发动机机械系统”“汽车发动机电控系统”“汽车底盘机械系统”“汽车底盘电控系统”“汽车电气系统”5 门基础核心课程配套的实训工单，同时还包括以行驶里程为主线的“汽车快修快保”课程配套的实训工单。本系列实训工单体现了各专业课程实训环节操作的标准化和流程的规范性。

实训就是在相应设备上验证所学的理论知识，在这个验证过程中每一个环节都需要按照工单所规定的要求、步骤、规范、标准进行操作。除专业内容之外，还包括安全防护、工具准备、环境卫生等 6S 管理方面的内容。只有这样，才能使我们在掌握汽车检修、保养基本技能的同时，学会全流程的规范操作。本书附录中提供了 6S 管理考核评分表和实训报告单。

本书共 13 个实训项目，26 个任务，介绍了汽车底盘机械系统实训的相关内容。全书按照理论知识问答、实训操作、专业考核评分表 3 部分设计了上述课程的实训环节。本书内容在相关院校的实训教学过程中经过了多次验证、修改和完善。

本书由 AR 展示、在线互动知识及后台大数据测评系统（专利号：201810230606.2）支撑。本书在每个实训操作任务开始前设置了“操作步骤演示”栏目，提供了基于 AR 技术的多媒体图片。读者打开“智慧书”App（手机等移动终端扫描封面二维码可下载 App），扫描“操作步骤演示”中的多媒体图片即可观看相应内容的短视频，并可进行在线答题及查看答案。

本书由万通汽车教育研究院陶青老师任主编，万通汽车教育研究院舒一鸣、王维国、牛书海老师任副主编。中国汽车工程学会朱军老师、南京帕博专业汽车服务连锁企业总经理孙健任本书主审。南京林业大学风景园林学院何疏悦副教授参加了本书多媒体资源的系统设计。世达工具（上海）有限公司提供了本书多媒体资源拍摄中所使用的汽修设备及工具。万通汽车教育直营院校部分教师参加了图书编写、审核和视频拍摄等工作。人民邮电出版社对此项目高度重视，派出强有力的团队给予支持，在此一并表示感谢！

由于编者水平有限，书中难免存在不足之处，请读者予以指正。

万通汽车教育研究院

2019 年 1 月于北京

目录

实训项目一　三轴五挡变速器

任务一　三轴五挡变速器认知

课时：________

班级：	组别：	姓名：	掌握程度：□优　□良　□及格 □不及格

一、工作任务

1. 了解三轴五挡变速器的基本构造与原理。
2. 掌握三轴五挡变速器的故障排除方法。

二、原理与应用

1. 安装位置

三轴五挡变速器（简称变速器）安装在____，如图1-1所示（以实际实训车型为准）。

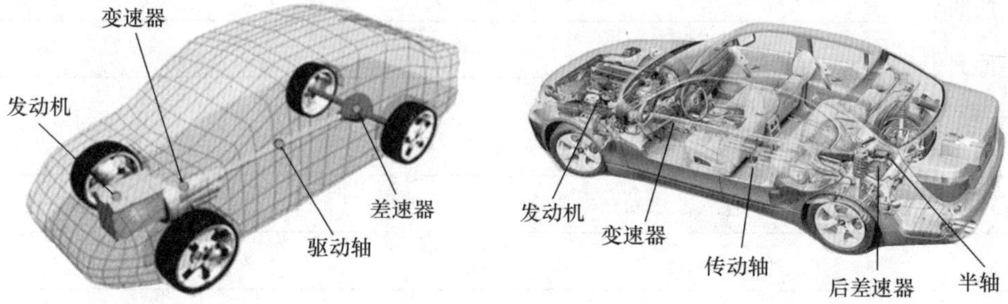

图 1–1　变速器安装位置

2. 结构

图1-2所示的变速器是__________轴变速器，它有__________个挡位。

图1-2所示变速器的挡位分别是：____
____
____。

3. 原理

根据图1-3简述变速器变速的基本原理。

____
____
____
____

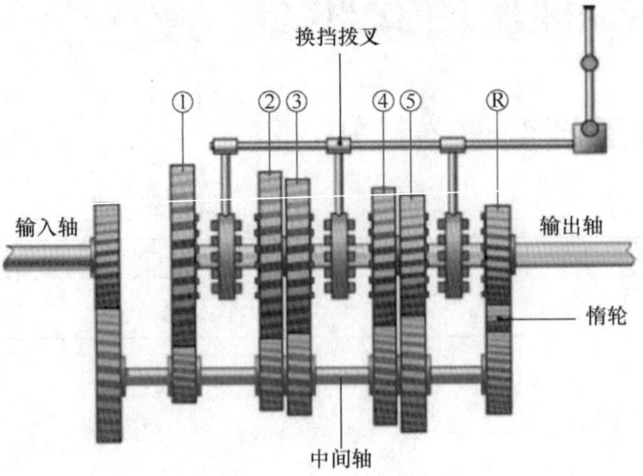

图 1-2　变速器内部结构

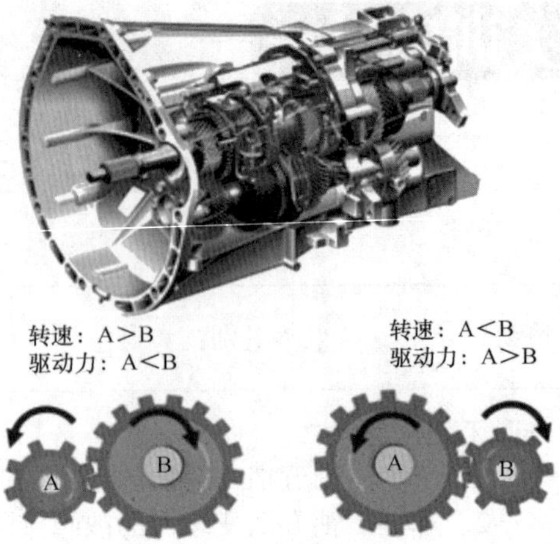

图 1-3　变速器变速原理

4．变速器锁止机构

根据图1-4简述变速器锁止机构的工作原理。

自锁原理：____。

互锁原理：____。

锁止机构损坏会出现哪些故障现象？

____

____

____

5．同步器

在图1-5中标注同步器各部分的名称，并简述其工作原理。

____

____

____

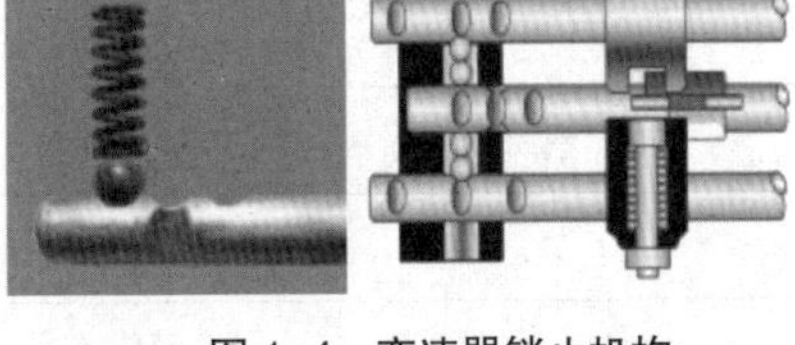
图 1-4　变速器锁止机构

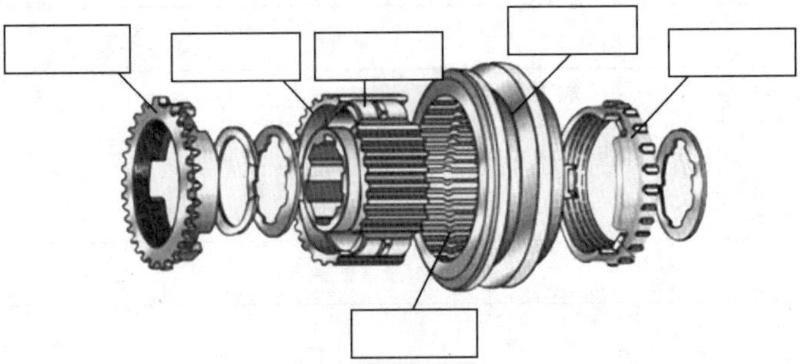
图 1-5　同步器结构

同步器损坏后的故障现象有哪些？

______

______

______

案例分享

【故障现象】

一辆大众轿车在行驶中，当变速器挂入三挡时，经常出现脱挡现象，有时必须用手按住变速杆，才能保证不脱挡。

【故障诊断】

1. 试车，发现脱挡故障仅出现在变速器的三挡，其他挡位正常，所以只需要对变速器三挡的有关部件进行检查。经检查，自锁装置、三挡换挡拨叉、拨叉轴均正常。为消除疑虑，更换了部分怀疑有问题的零件，试车，但故障依然没有得到排除。

2. 拆下变速器并分解，检查输出轴上的三挡齿轮时，发现该齿轮有轴向间隙（0.15mm），齿轮的齿牙有偏边磨损现象，略呈锥形。

【故障排除】

用调整垫片消除齿轮的轴向间隙，安装试车，故障被排除。

【故障原因】

汽车在行驶中，三挡齿轮轴向间隙过大，换挡接合套不能完全地咬合挡位齿，使轴转动时易发生跳动和窜动，所以出现变速杆自动跳回空挡，滑动齿轮脱离啮合位置的故障。

【案例总结】

脱挡由下列情况造成。

1. 拨叉轴凹槽及定位球磨损松旷，以及定位弹簧过软或折断，致使定位装置失效。
2. 变速轴、轴承严重磨损松旷或轴向间隙过大，使轴转动时发生跳动和窜动。
3. 同步器工作不良。
4. 齿轮、齿圈、齿套的齿牙啮入端磨成锥形，轴的花键与滑动齿轮花键槽磨损松旷；齿轮啮合深度不够。
5. 轴承磨损松旷，第二轴轴向窜动量大。

这些损坏，主要是由于变速器未按要求保养或驾驶员操作不当导致的，如离合器踏板未踩到底就强行换挡等不良驾驶习惯。

思考题

1. 变速器内同步器安装时怎样检查？
2. 如何对变速器锁止机构进行安装？

任务二　三轴五挡变速器拆装

课时：__________

<table>
<tr><td>班级：</td><td>组别：</td><td>姓名：</td><td>掌握程度：□优　□良　□及格　□不及格</td></tr>
<tr><td>实训目的</td><td colspan="3">1．了解三轴五挡变速器的基本构造与工作原理；2．掌握三轴五挡变速器的拆装方法。</td></tr>
<tr><td>安全注意事项</td><td colspan="3">注意个人及设备安全，规范操作，严格执行6S管理。</td></tr>
<tr><td>实训器材</td><td colspan="3">世达工具、扭力扳手、拉马（轴承拆卸专用工具）、卡簧钳、橡胶锤、变速器油、三轴五挡变速器（丰田海狮）、棉纱手套、工具车、零件台架等。</td></tr>
<tr><td>教学组织</td><td colspan="3">每个工位按6位学员（组长1人、主修1人、辅修1人、观察员1人、评分1人、质检1人）作业，循环操作。</td></tr>
<tr><td>操作步骤演示（注①）</td><td colspan="3">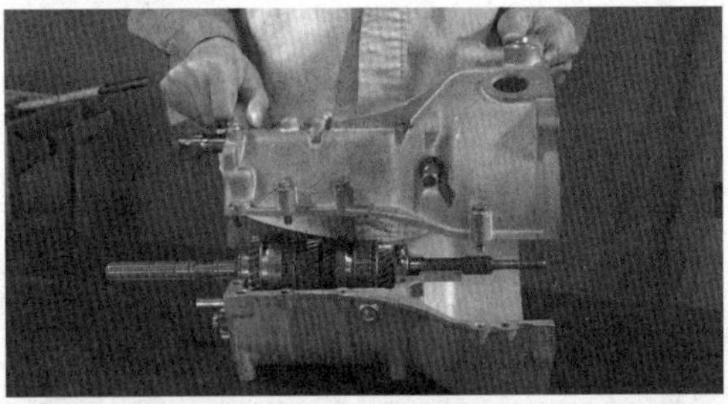
微课
三轴四挡变速器拆装（上）

微课
三轴四挡变速器拆装（下）</td></tr>
<tr><td>任务</td><td colspan="3">作业记录内容　☑正确　☒错误</td></tr>
<tr><td>前期准备</td><td colspan="3">□ 1．护具——棉纱手套、工具车、零件台架，如图1-6～图1-8所示。（注②）
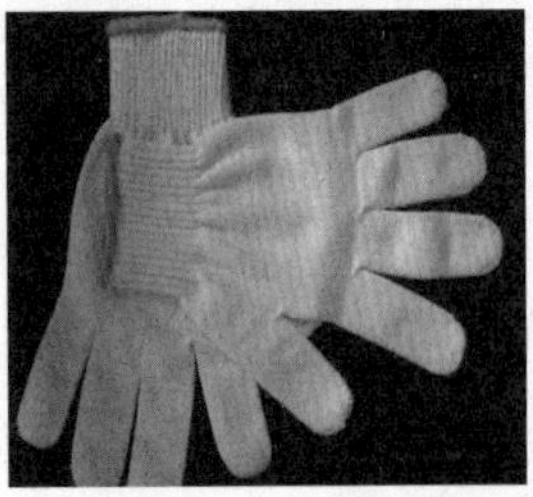
□图 1-6　棉纱手套

□图 1-7　工具车

□图 1-8　零件台架</td></tr>
</table>

注①：三轴五挡变速器和三轴四挡变速器拆装步骤大体一致。此处提供的资源为三轴四挡变速器拆装操作，可作为参考。

注②：准备工作一定要注意四到位。1．防护到位；2．工具到位；3．设备到位；4．耗材到位。

前期准备	□ 2．工具及耗材——世达工具（见图1-9）、扭力扳手（见图1-10）、橡胶锤和卡簧钳（见图1-11）、三轴五挡变速器（丰田海狮）（见图1-12）、拉马（见图1-13）、变速器油等。  □图 1–9　世达工具 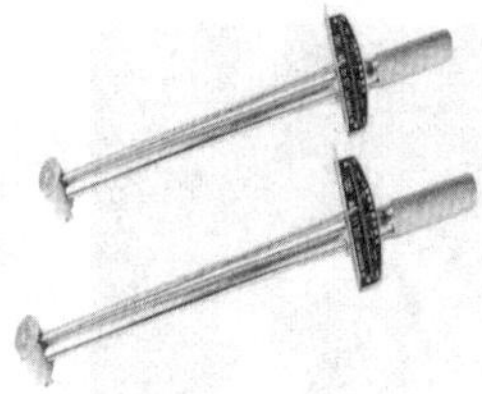 □图 1–10　扭力扳手 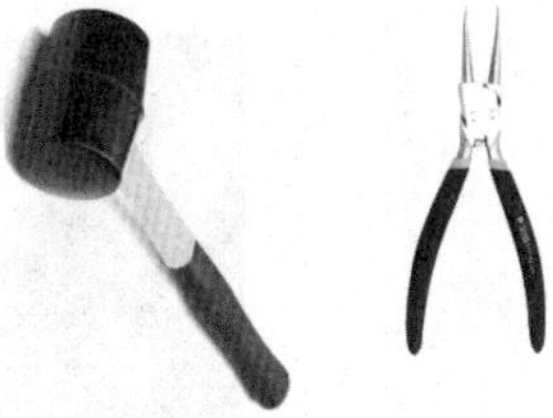 □图 1–11　橡胶锤和卡簧钳  □图 1–12　三轴五挡变速器（丰田海狮） 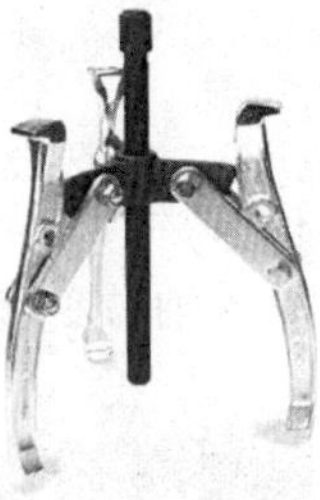 □图 1–13　拉马
安全检查	□检查实训台架及周围安全。
防护工作	防护工作如图1-14所示。  □图 1–14　人身防护
操作流程	□ 1．变速器外围部件（变速杆总成、车速传感器、倒车灯开关等）的拆卸，如图1-15～图1-17所示。用套筒扳手拧下变速杆壳体固定螺栓，取出变速杆总成，用活动扳手拆下倒车灯开关与车速传感器。（注③）  □图 1–15　拆卸变速杆总成  □图 1–16　拆卸车速传感器  □图 1–17　拆卸倒车灯开关

注③：由于各种类型三轴五挡变速器的结构基本相同，因此虽拆装方法略有不同，但总体拆装顺序是相同的。

操作流程

□ 2．前轴承护圈与变速器外壳紧固螺栓的拆卸，如图1-18和图1-19所示。用套筒扳手拆下前轴承护圈紧固螺栓，并用螺钉旋具撬出前轴承护圈，用套筒扳手拆下变速器外壳与延伸壳的紧固螺栓。

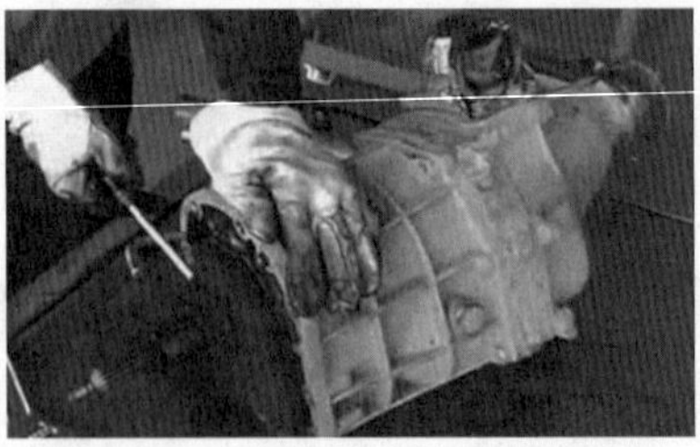
□图 1–18　拆卸前轴承护圈

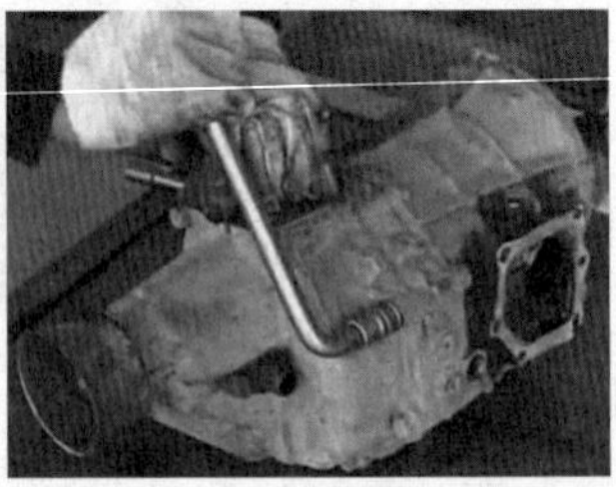
□图 1–19　拆卸变速器外壳紧固螺栓

□ 3．变速器外壳的拆卸。用橡胶锤敲击变速器延伸壳使其与外壳分离（见图1-20），松开五挡拨叉螺母并拧下螺母（见图1-21），用橡胶锤敲击中间板使输入轴与变速器外壳分离，取下变速器外壳（见图1-22）。

□图 1–20　拆卸延伸壳

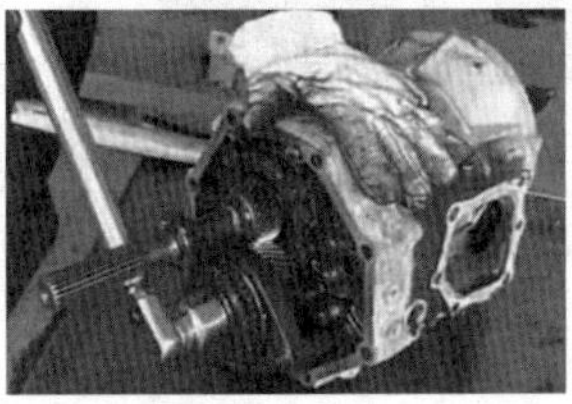
□图 1–21　拆卸五挡拨叉螺母

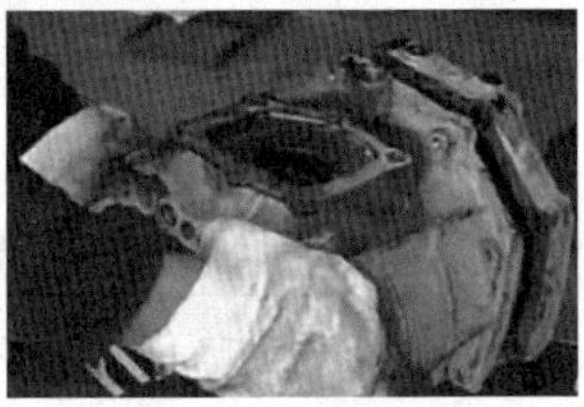
□图 1–22　拆卸外壳

□ 4．变速器卡簧与中间板挡位固定螺栓的拆卸。用卡簧钳取出卡簧（见图1-23），摇动中间板总成摇出滚珠，先取出五挡拨叉，再用拉马（注④）拉出五挡主动齿轮及同步器，拧出中间板挡位固定螺栓（见图1-24），取出弹簧定位珠。

□图 1–23　拆卸卡簧

□图 1–24　拧出中间板挡位固定螺栓

□ 5．换挡臂固定螺栓、倒挡轴以及倒挡惰轮的拆卸。拆下换挡臂固定螺栓（见图1-25），取出换挡臂后，再取出倒挡轴及倒挡惰轮（见图1-26）。

注④：拉马是机械维修中经常使用的工具，主要用来将轴承从轴上沿轴向拆卸下来。常见拉马有两爪拉马和三爪拉马。

操作流程

□图 1-25　拆卸换挡臂固定螺栓

□图 1-26　拆卸倒挡轴及倒挡惰轮

□ 6．倒挡拨叉、拨叉轴以及一二挡拨叉、拨叉轴的拆卸，如图1-27和图1-28所示。拧下一二挡拨叉螺栓，取出倒挡拨叉与倒挡拨叉轴。用橡胶锤敲击一二挡拨叉及拨叉轴并将其取出。

□图 1-27　拆卸倒挡拨叉与拨叉轴

□图 1-28　拆卸一二挡拨叉及拨叉轴

□ 7．后轴承护圈紧固螺栓、中间轴卡簧的拆卸，如图1-29和图1-30所示。拧下后轴承护圈紧固螺栓，取下后轴承护圈与中间轴卡簧。

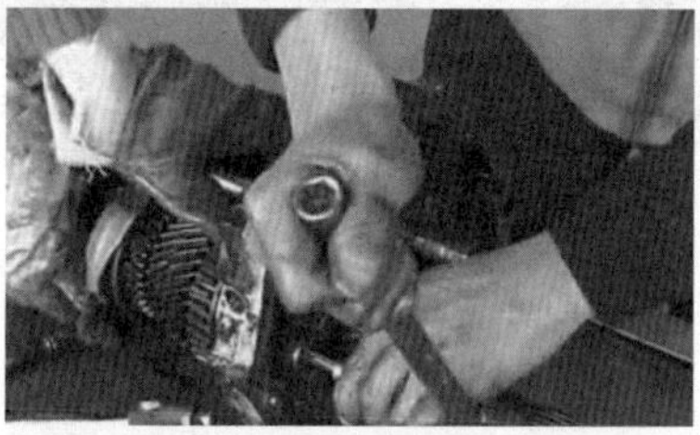

□图 1-29　拆卸后轴承护圈紧固螺栓

□图 1-30　拆卸中间轴卡簧

□ 8．轴承、中间轴及前输入轴的拆卸，如图1-31和图1-32所示。用手取出轴承与中间轴总成并拉出前输入轴。

□图 1-31　拆卸轴承及中间轴

□图 1-32　拆卸前输入轴

操作流程

□ 9．后输入轴、输出轴及三四挡拨叉的拆卸。用橡胶锤敲击后输入轴、输出轴及三四挡拨叉，取出后输入轴、输出轴及三四挡拨叉（见图1-33），然后用手将三四挡拨叉分离出来（见图1-34）。

□图 1-33　拆卸后输入轴、输出轴及三四挡拨叉

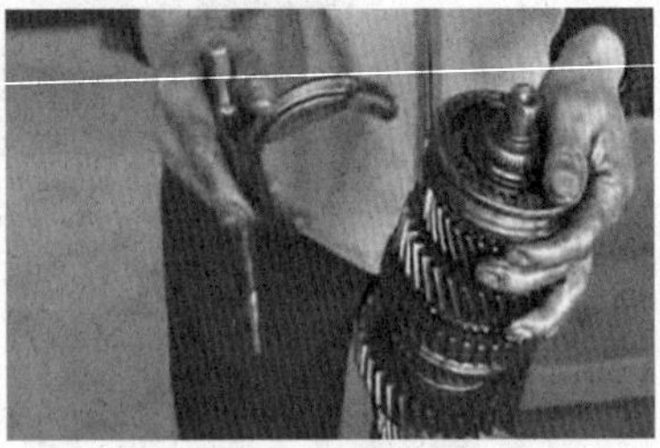

□图 1-34　分离三四挡拨叉

□ 10．三四挡同步啮合套、三挡同步环及三挡被动齿轮的拆卸。取下输入轴、同步器齿环（见图1-35），用卡簧钳拆下三四挡同步锁销卡簧，取出三四挡同步啮合套、三挡同步环及三挡被动齿轮（见图1-36）。

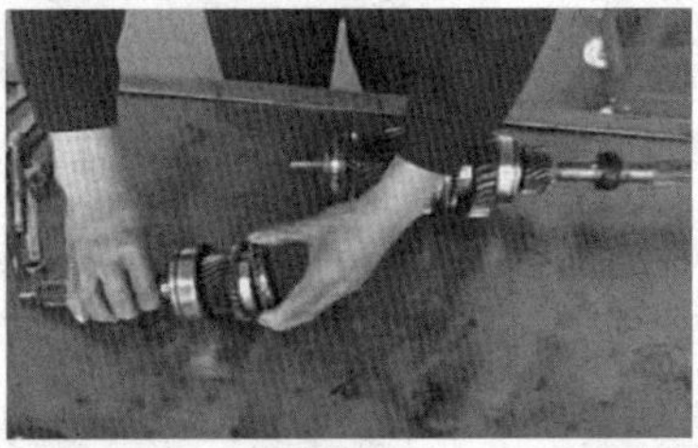

□图 1-35　拆卸输入轴、同步器齿环

□图 1-36　拆卸三四挡同步啮合套、三挡同步环及三挡被动齿轮

□ 11．轴承卡簧与五挡被动齿轮的拆卸。取下轴承卡簧（见图1-37），用拉马拉松五挡被动齿轮，然后用手取下五挡被动齿轮（见图1-38）。

□图 1-37　拆卸轴承卡簧

□图 1-38　拆卸五挡被动齿轮

□ 12．一挡被动齿轮、一挡同步环及同步啮合套、同步器总成等的拆卸。取出一挡被动齿轮、一挡同步环及同步啮合套（见图1-39），取出滚针轴承及内座圈，吸出滚珠，取出同步器总成及二挡被动齿轮（见图1-40）。

<table>
<tr><td>操作流程</td><td>
□图 1-39　拆卸一挡被动齿轮、一挡同步环及同步啮合套

□图 1-40　拆卸同步器总成及二挡被动齿轮
□ 13．变速器组装。变速器的分解图如图1-41所示。变速器的组装原则：按拆卸相反的顺序进行组装（注意齿轮的安装顺序、啮合套的安装方向）。
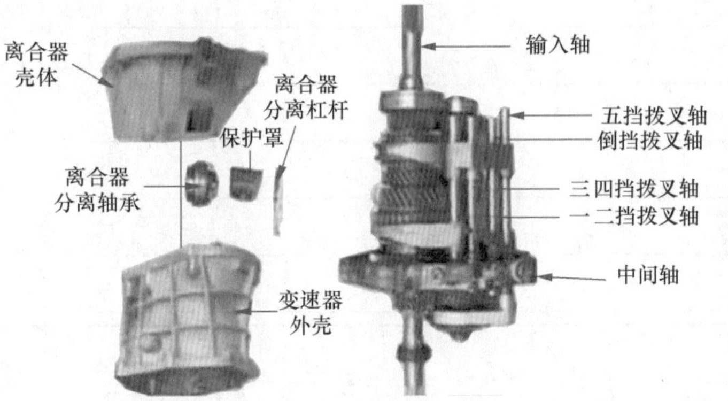

□图 1-41　变速器分解图</td></tr>
<tr><td>设备使用</td><td>□ 工具选用是否正确　□ 工具使用是否正确　□防护是否到位</td></tr>
<tr><td colspan="2">检查与评估</td></tr>
<tr><td>注意事项</td><td>1．装配前，必须将零部件清洗干净，在齿轮和轴承部位涂抹变速器油，使其转动灵活，且不应有轴向间隙。
2．不可互换的零部件必须做好记号（齿轮安装顺序、啮合套安装方向、拨叉轴安装位置）。
3．注意同步器齿环、卡簧的安装。
4．注意齿轮与齿轮的间隙、齿轮与同步器的间隙要符合标准。</td></tr>
<tr><td>6S管理规范
(教师点评)</td><td>□整理　□整顿　□清扫　□清洁　□素养　□安全</td></tr>
<tr><td>成绩评定
(学生总结)</td><td>小组对本人的评定：□优　□良　□及格　□不及格
学生本次任务成绩：□优　□良　□及格　□不及格</td></tr>
</table>

任务拓展		
图1-42～图1-44所示的3种变速器分别是哪种类型的变速器？各有什么特点？		
 图 1-42　变速器示例一	 图 1-43　变速器示例二	 图 1-44　变速器示例三
____________________	____________________	____________________
____________________	____________________	____________________
____________________	____________________	____________________
____________________	____________________	____________________
____________________	____________________	____________________
____________________	____________________	____________________
____________________	____________________	____________________

专业考核评分表——三轴五挡变速器拆装

<table>
<tr><td colspan="3">班级：</td><td colspan="2">组别：</td><td>组长：</td><td>日期：</td></tr>
<tr><td colspan="7">技术标准：1. 三轴五挡变速器的拆装流程；2. 三轴五挡变速器的拆装要求</td></tr>
<tr><td>序号</td><td>作业项目</td><td>考核内容</td><td>考核内容</td><td>分值</td><td>扣分</td><td>得分</td></tr>
<tr><td rowspan="2">1</td><td rowspan="2">准备环节</td><td>正确选用工具</td><td>选错1次扣1分</td><td>5</td><td></td><td></td></tr>
<tr><td>正确使用工具</td><td>用错1次扣1分</td><td>5</td><td></td><td></td></tr>
<tr><td rowspan="7">2</td><td rowspan="7">拆卸环节</td><td>变速器外围部件的拆卸</td><td rowspan="7">按照标准流程规范拆卸，错1次扣2分</td><td rowspan="7">40</td><td></td><td></td></tr>
<tr><td>前轴承护圈与变速器外壳紧固螺栓的拆卸</td><td></td><td></td></tr>
<tr><td>变速器外壳的拆卸</td><td></td><td></td></tr>
<tr><td>变速器卡簧与中间板挡位固定螺栓的拆卸</td><td></td><td></td></tr>
<tr><td>换挡臂固定螺栓、倒挡轴以及倒挡惰轮的拆卸</td><td></td><td></td></tr>
<tr><td>倒挡组件的拆卸</td><td></td><td></td></tr>
<tr><td>前进挡组件及轴承的拆卸</td><td></td><td></td></tr>
<tr><td rowspan="7">3</td><td rowspan="7">安装环节</td><td>前进挡组件及轴承的安装</td><td rowspan="7">按照拆卸倒序安装，错1次扣2分</td><td rowspan="7">40</td><td></td><td></td></tr>
<tr><td>倒挡组件的安装</td><td></td><td></td></tr>
<tr><td>换挡臂固定螺栓、倒挡轴以及倒挡惰轮的安装</td><td></td><td></td></tr>
<tr><td>变速器卡簧与中间板倒挡螺栓的安装</td><td></td><td></td></tr>
<tr><td>变速器外壳的安装</td><td></td><td></td></tr>
<tr><td>前轴承护圈与变速器外壳紧固螺栓的安装</td><td></td><td></td></tr>
<tr><td>变速器外围部件的安装</td><td></td><td></td></tr>
<tr><td>4</td><td colspan="2">项目实训时间</td><td>≤20min　10分
20～26min　5分
≥26min　0分</td><td>10</td><td></td><td></td></tr>
<tr><td colspan="2">质检员：</td><td colspan="2">评分员：</td><td colspan="2">合计得分</td><td></td></tr>
<tr><td colspan="7">教师点评：

团队合作：优秀□ 良好□ 及格□ 不及格□　　分工明确：优秀□ 良好□ 及格□不及格□
专业标准：优秀□ 良好□ 及格□ 不及格□　　操作规范：优秀□ 良好□ 及格□不及格□</td></tr>
<tr><td colspan="7">教师签字：　　　　年　　月　　日</td></tr>
</table>

注：实训未按规范操作，导致设备损坏或人身伤害，本次考核记0分。

实训项目二 两轴五挡变速器

任务一 两轴五挡变速器认知

课时：__________

班级：	组别：	姓名：	掌握程度：□优 □良 □及格 □不及格

一、工作任务

1．了解两轴五挡变速器的基本构造与原理。

2．掌握两轴五挡变速器的故障排除方法。

二、原理与应用

1．安装位置和作用

两轴五挡变速器安装在____，如图2-1所示（以实际实训车型为准）。两轴五挡变速器的作用是____。

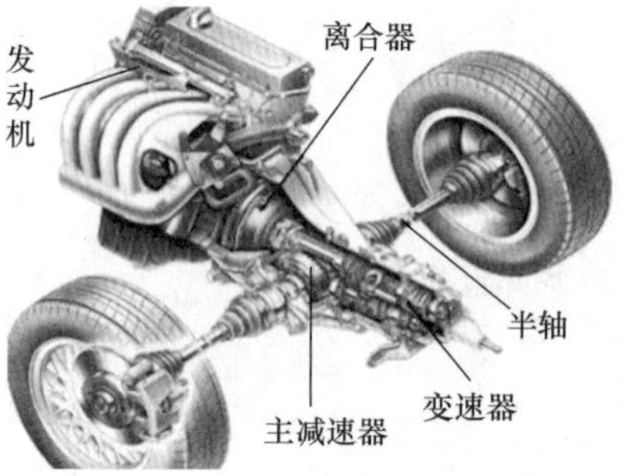

（a）安装位置

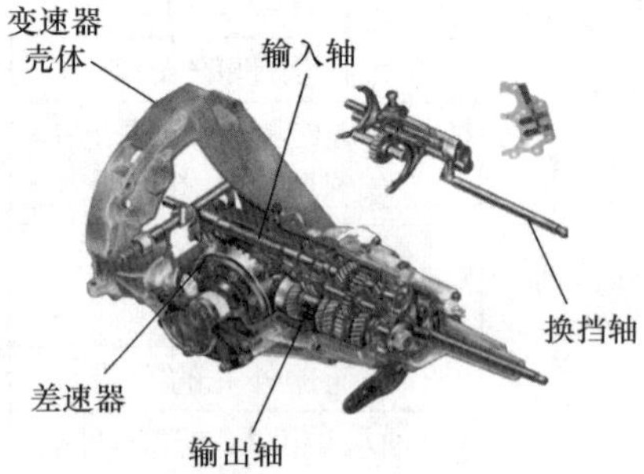

（b）结构

图 2-1 两轴五挡变速器的安装位置及结构

2．工作原理

如图2-2所示，以两轴五挡变速器为例，写出挡位的动力传递路线。

一挡：____。

二挡：____。

三挡：____。

四挡：____。

五挡：____。

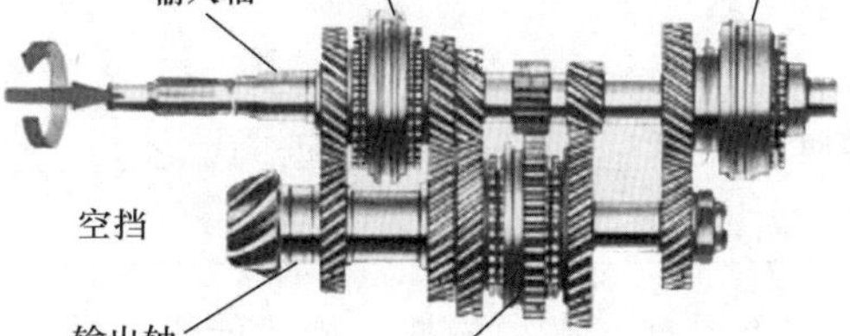

图 2-2　两轴五挡变速器的工作原理

3．变速器油

（1）变速器油（也称手动变速箱油）的型号如图2-3所示。

① GL-4表示____，用于中型卡车；80W表示________℃；数字“90”是油品的技术参数，表示在100℃下的运动黏度，其数字越________，使用温度越________，其耐负荷性能越________。

② GL-4级的85W-90、GL-5级的85W-140，这两种变速器油最大的更换里程为________________万千米。

③ GL-4、GL-5级的75W-90则是全合成型变速器油，要比85W-90、85W-140的品质好得多，但价格也________，75W-90全合成型变速器油的更换里程为____________________。

（2）变速器油品质检查如图2-4所示。

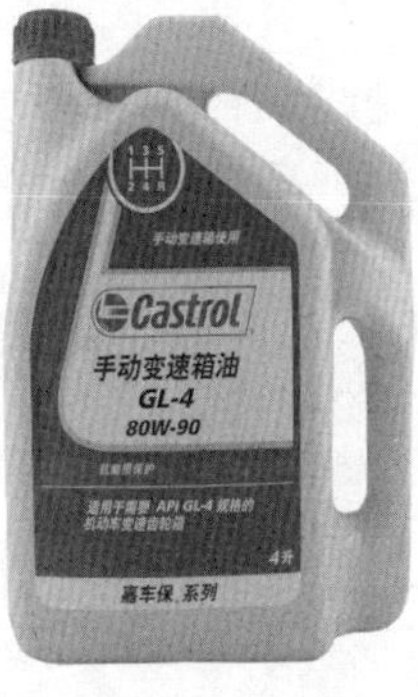

图 2-3　变速器油

图 2-4　变速器油品质检查

彩图

图 2-4

① 看油色：透明、颜色偏亮的变速器油为优，浑浊、颜色偏暗的变速器油为________。

② 看杂质：在灯光下或明亮的地方看油中的亮色与黑色颗粒数量，少为__________，多为_____________。

③ 检查黏度、滑度：手沾油“搓、捏”，光滑、黏手、能拉丝为________________，相反则为____________。

4．手动变速器的故障

（1）异响：一般是变速器轴承___________引起，齿轮__________出现异响，判断方法为____。

（2）挂挡困难：即一挡不易挂，必须先挂二挡才能进一挡，三挡不易挂，必须先挂四挡才能进三挡，这种情况一般是____故障；所有挡位都难挂，一般是____故障。

（3）漏油一般是____________________________有问题。

（4）锁止机构损坏会出现哪些故障现象？

____

____

____

案例分享

【故障现象】

大众捷达轿车正常行驶时各前进挡无异响，倒车时变速器发出有节奏的“嗒嗒”异响。

【故障诊断】

1. 试车，各前进挡正常，只有在倒挡时有异响，初步判断故障点在变速器内的倒挡挡位。
2. 拆下放油螺栓放油，在放油过程中能看到油中有明显的铁屑。拆下变速器并分解，检查倒挡齿轮，发现倒挡齿轮已损坏。
3. 与用户沟通得知，前几天在驾驶过程中车辆曾在未停稳的情况下挂入倒挡，当时听到变速器内部有明显的打齿声，至此可以判断是因为操作不当导致倒挡齿轮损坏。
4. 拆下变速器并分解，检查发现倒挡齿轮损坏。

【故障排除】

更换损坏齿轮，装车后加注新的变速器油，试车，故障排除。

【故障原因】

捷达轿车变速器5个前进挡都设计有同步器，而倒挡没有同步器（倒挡齿轮一般都是直齿齿轮，其结构简单，制造成本低，因为挂倒挡时车辆完全处于静止状态，齿轮之间没有转速差，所以没有必要使用斜齿齿轮和同步器这些零件；另外，平时用倒挡的机会比前进挡要少得多，所以倒挡齿轮多采用直齿齿轮），所以一定要踩住制动踏板待车停稳后才能挂入倒挡。有些用户没有遵循这个要领，造成变速器倒挡齿轮损坏，从而导致倒车时发出“嗒嗒”异响。

【案例总结】

变速器常见故障现象及原因如下所述。

1. 每次换挡时都发出“嗤嗤”异响：离合器没有彻底分离。

2. 加速不响，减速响：同步器齿环损坏。一个变速器内有 3 ~ 4 个同步器，则单独更换该故障挡位（三挡）的同步器总成即可彻底解决。

3. 加速时顿挫异响：同步器啮合套与主动齿轮配合间隙过大。

思考题

三轴变速器和两轴变速器有什么区别？

任务二　两轴五挡变速器拆装

课时：________

<table>
<tr><td>班级：</td><td>组别：</td><td>姓名：</td><td colspan="2">掌握程度：□优　□良　□及格　□不及格</td></tr>
<tr><td>实训目的</td><td colspan="4">1．了解两轴五挡变速器的基本构造与工作原理；2．掌握两轴五挡变速器的拆装方法。</td></tr>
<tr><td>安全注意事项</td><td colspan="4">注意个人及设备安全，规范操作，严格执行6S管理。</td></tr>
<tr><td>实训器材</td><td colspan="4">世达工具、扭力扳手、拉马、卡簧钳、橡胶锤、两轴五挡变速器、撬棍、变速器油、棉纱手套、工具车、零件台架等。</td></tr>
<tr><td>教学组织</td><td colspan="4">每个工位按6位学员（组长1人、主修1人、辅修1人、观察员1人、评分1人、质检1人）作业，循环操作。</td></tr>
<tr><td>操作步骤演示</td><td colspan="4">
微课
两轴五挡变速器拆装（上）

微课
两轴五挡变速器拆装（下）</td></tr>
<tr><td>任务</td><td colspan="4">作业记录内容　☑正确　☒错误</td></tr>
<tr><td>前期准备</td><td colspan="4">□ 1．护具——棉纱手套、工具车、零件台架，如图2-5～图2-7所示。（注①）
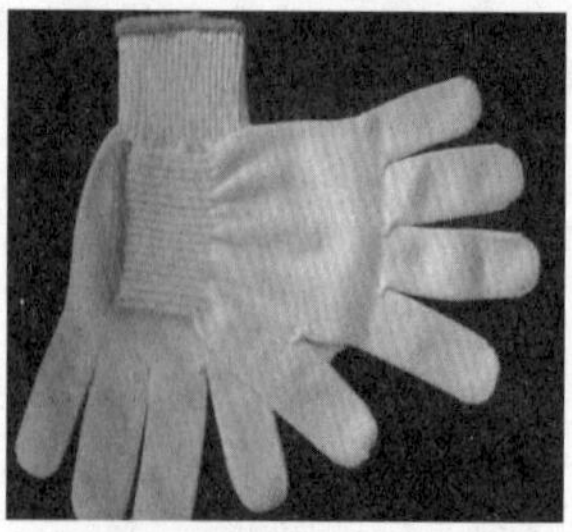
□图 2-5　棉纱手套

□图 2-6　工具车

□图 2-7　零件台架</td></tr>
</table>

注①：准备工作一定要注意四到位。1．防护到位；2．工具到位；3．设备到位；4．耗材到位。

前期准备	□ 2．工具及耗材——世达工具（见图2-8）、扭力扳手（见图2-9）、拉马（见图2-10）、橡胶锤和卡簧钳（见图2-11）、两轴五挡变速器（见图2-12）、撬棍、变速器油等。  □图 2-8　世达工具 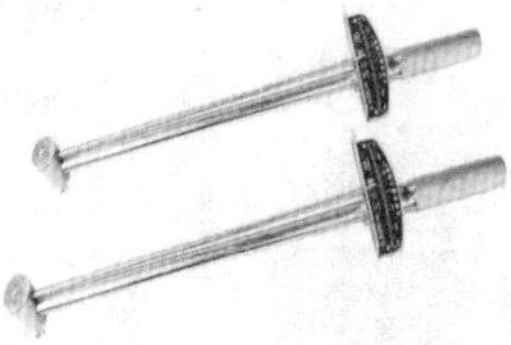 □图 2-9　扭力扳手 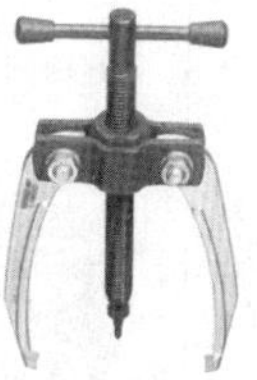 □图 2-10　拉马  □图 2-11　橡胶锤和卡簧钳  □图 2-12　两轴五挡变速器
安全检查	□检查实训台架及周围安全。
防护工作	防护工作如图2-13所示。  □图 2-13　人身防护
操作流程	□ 1．拆卸后盖。将变速器固定在工作台上，用套筒扳手拆掉后盖螺栓，取下后盖及密封圈。（注②） □ 2．五挡变速叉锁止弹性销及卡簧的拆卸。用圆柱销冲出五挡变速叉锁止弹性销，用卡簧钳拆下卡簧，如图2-14和图2-15所示。  □图 2-14　拆卸变速叉锁止弹性销 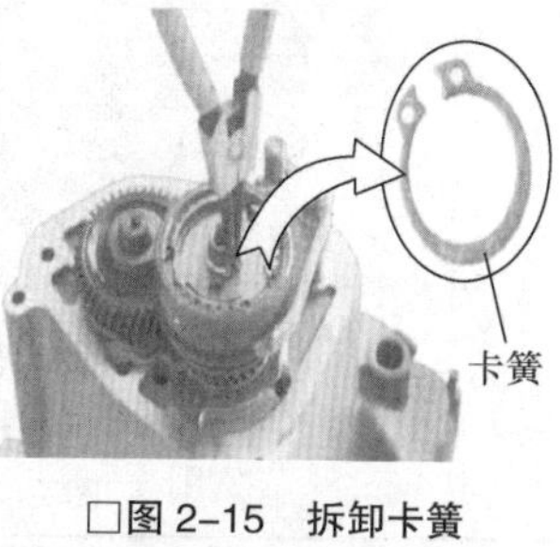 □图 2-15　拆卸卡簧

注②：两轴五挡变速器基本结构相同，拆装方法略有差异，学生在实际拆装时，需注意拆卸方式的不同。

操作流程

□ 3．五挡变速叉、五挡同步器、五挡被动齿轮及主动齿轮的拆卸。向上取出五挡变速叉、五挡同步器、五挡被动齿轮（见图2-16），用卡簧钳拆下五挡主动齿轮卡簧，并取下碟形弹性垫圈（见图2-17），再用拉马拉出五挡主动齿轮。

□图 2-16　拆卸五挡变速叉、五挡同步器和五挡被动齿轮

□图 2-17　取下碟形弹性垫圈

□ 4．轴承锁止片的拆卸。用套筒扳手拆下轴承锁止片螺栓（见图2-18），将合适的圆柱销插入轴承锁止片螺栓孔，用另一圆柱销顶向另一端取下轴承锁止片（见图2-19）。

□图 2-18　拆卸轴承锁止片螺栓

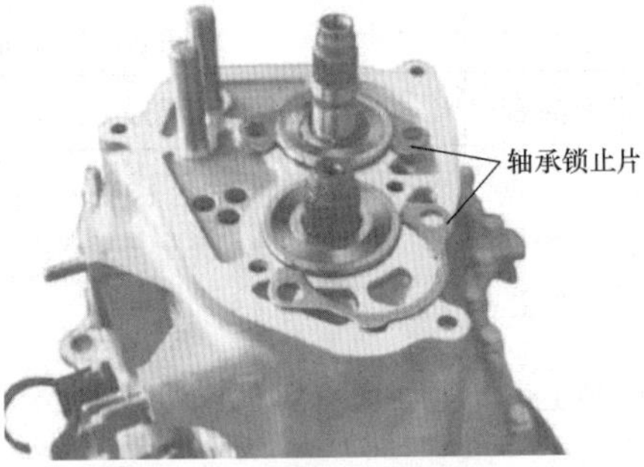

□图 2-19　取下轴承锁止片

□ 5．倒挡开关及变速器壳体的拆卸。用扳手逆时针拧下倒挡开关（见图2-20），用合适的套筒扳手拆下固定螺栓，并用撬棍分离变速器与离合器壳体（见图2-21）。（注③）

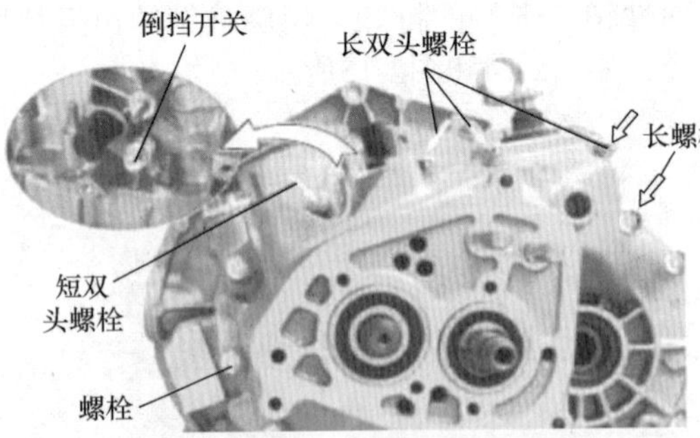

□图 2-20　拆卸倒挡开关

□图 2-21　分离变速器与离合器壳体

注③：拆装时，严禁敲砸或硬撬，必要时需求助实训教师。

操作流程

□ 6．倒挡轴、倒挡滑动齿轮及倒挡拨叉的拆卸。取下倒挡轴，向外取出倒挡滑动齿轮，如图2-22所示。先向下按住倒挡拨叉，再向外取下倒挡拨叉销，然后取下倒挡拨叉，如图2-23所示。

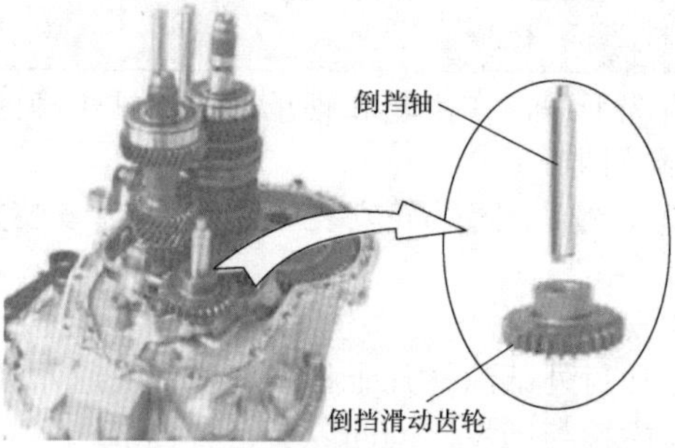

□图 2-22　拆卸倒挡轴、倒挡滑动齿轮

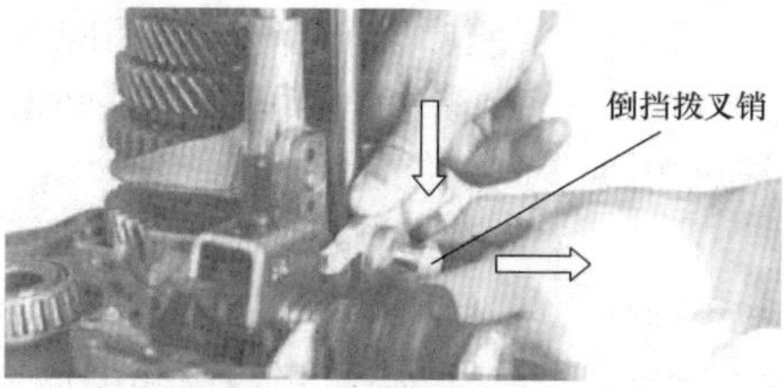

□图 2-23　取下倒挡拨叉

□ 7．杆轴总成、支架油封、选挡复位弹簧及锁止装置开关总成的拆卸。先挂入二挡，用圆柱销冲出槽销，取出一二挡选挡复位弹簧，向外取出杆轴总成、支架油封及锁止装置开关总成，如图2-24和图2-25所示。

□图 2-24　取出杆轴总成及支架油封

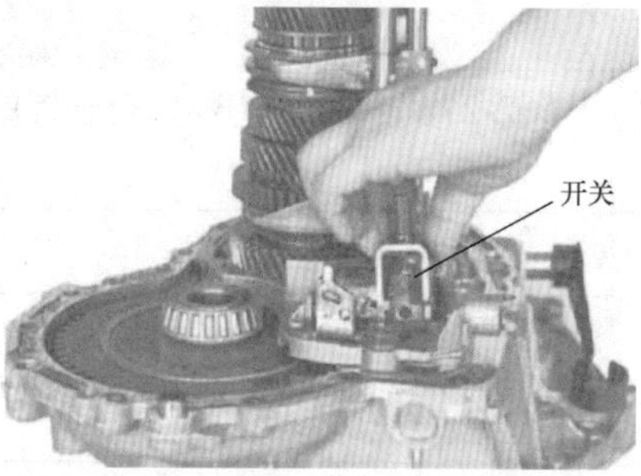

□图 2-25　取出锁止装置开关总成

□ 8．一二轴总成的拆卸。用手托住一二轴连同拨叉垂直向上取出，如图2-26所示。

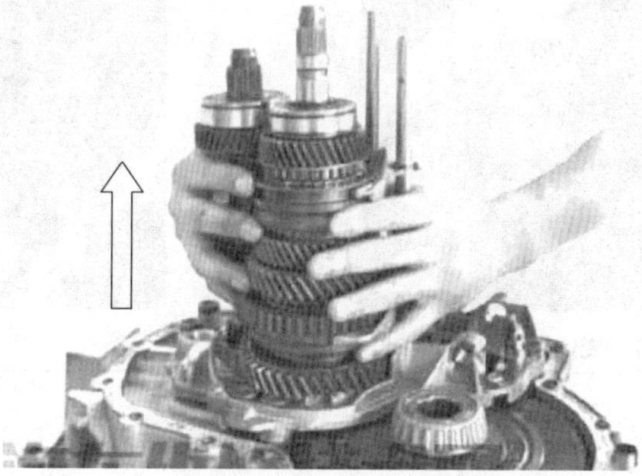

□图 2-26　取出一二轴总成

操作流程	□ 9．变速器的安装原则：按照拆卸相反的顺序安装（注意齿轮的安装顺序、啮合套的安装方向）。（注④）
设备使用	□ 工具选用是否正确　□ 工具使用是否正确　□ 防护是否到位
检查与评估	
注意事项	1．装配前，必须将零部件清洗干净，在齿轮和轴承部位涂抹干净的变速器油，使其转动灵活，且不应有轴向间隙。 2．不可互换的零部件必须做好记号（注意齿轮安装顺序、啮合套安装方向、拨叉轴安装位置）。 3．注意同步器齿环、卡簧的安装。 4．安装前、后油封时应该在油封外部涂抹凡士林或者少许变速器油。 5．注意齿轮与齿轮的间隙、齿轮与同步器的间隙要符合标准。
6S管理规范（教师点评）	□整理　□整顿　□清扫　□清洁　□素养　□安全
成绩评定（学生总结）	小组对本人的评定：□优　□良　□及格　□不及格 学生本次任务成绩：□优　□良　□及格　□不及格
任务拓展	

图2-27和图2-28中两个变速杆的作用是什么？各有何特点？

____

____

____

____

图 2-27　变速杆示例一

图 2-28　变速杆示例二

注④：挡位齿轮及啮合套的安装方向，可以在拆卸时注意观察，或根据齿轮间隙分析，或根据工作磨损痕迹分析。

专业考核评分表——两轴五挡变速器拆装

班级： **组别：** **组长：** **日期：**

技术标准：1. 两轴五挡变速器的拆装流程；2. 两轴五挡变速器的拆装要求

序号	作业项目	考核内容	考核内容	分值	扣分	得分
1	准备环节	正确选用工具	选错1次扣1分	5		
		正确使用工具	用错1次扣1分	5		
2	拆卸环节	后盖的拆卸	按照标准流程规范拆卸，错1次扣2分	40		
		五挡变速叉锁止弹性销及卡簧的拆卸				
		五挡齿轮组及挂挡机构的拆卸				
		轴承锁止片的拆卸				
		倒挡开关及变速器壳体的拆卸				
		倒挡轴、倒挡滑动齿轮及倒挡拨叉的拆卸				
		杆轴总成、支架油封、选挡复位弹簧及锁止装置开关总成的拆卸				
		一二轴总成的拆卸				
3	安装环节	一二轴总成的安装	按照拆卸倒序安装，错1次扣2分	40		
		杆轴总成、支架油封、选挡复位弹簧及锁止装置开关总成的安装				
		倒挡轴、倒挡滑动齿轮及倒挡拨叉的安装				
		倒挡开关及变速器壳体的安装				
		轴承锁止片的安装				
		五挡齿轮组及挂挡机构的安装				
		五挡变速叉锁止弹性销及卡簧的安装				
		后盖的安装				
4	项目实训时间		≤20min 10分 20～26min 5分 ≥26min 0分	10		

质检员： **评分员：** **合计得分**

教师点评：

团队合作：优秀□ 良好□ 及格□ 不及格□ **分工明确：**优秀□ 良好□ 及格□ 不及格□

专业标准：优秀□ 良好□ 及格□ 不及格□ **操作规范：**优秀□ 良好□ 及格□ 不及格□

教师签字： 年 月 日

注：实训未按规范操作，导致设备损坏或人身伤害，本次考核记0分。

实训项目三　万向传动装置

任务一　万向传动装置认知

课时：__________

班级：	组别：	姓名：	掌握程度：□优　□良　□及格　□不及格

一、工作任务

1．了解万向传动装置的基本构造与原理。

2．掌握万向传动装置的故障排除方法。

二、原理与应用

1．安装位置

万向传动装置安装在________________________________，如图3-1所示。

2．作用

根据图3-2简述万向传动装置的作用：____。

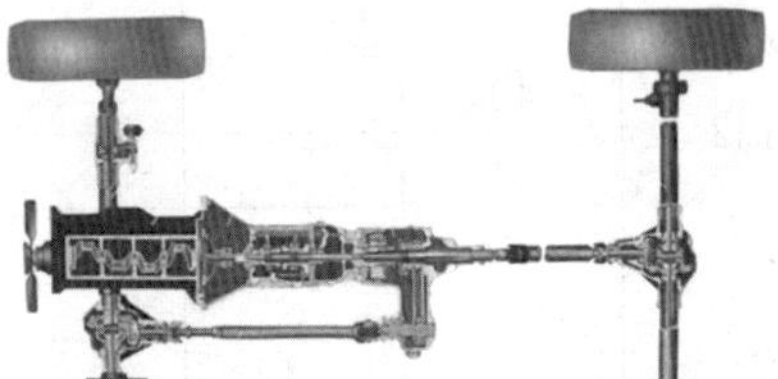

图3-1　万向传动装置安装位置

图3-2　万向传动装置

3．万向节

在图3-3中标注球笼式万向节各部件名称并简述其工作原理。

____

____

____

4．传动轴

在图3-4中标注传动轴各部件名称。

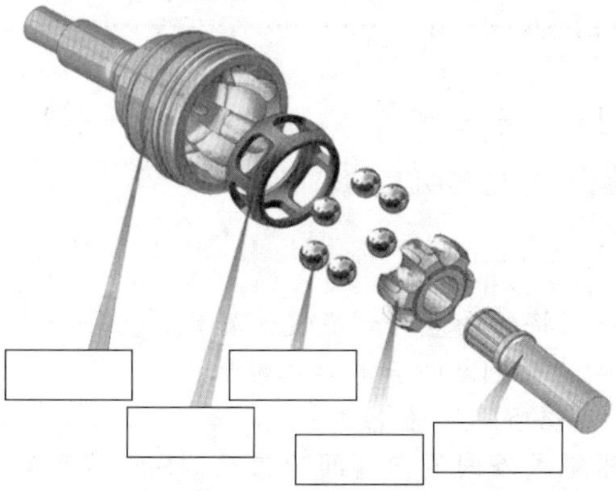

图 3–3　球笼式万向节

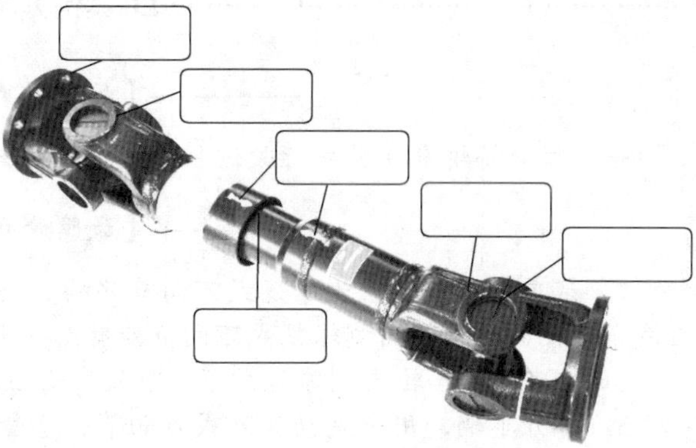

图 3–4　传动轴

5．常规保养

（1）加注润滑脂

① 十字轴式万向节：________________________加注润滑脂，如图3-5所示。

② 球笼式、三枢轴式万向节：拆开____________________加润滑脂，如图3-6所示。球笼式万向节的润滑一般用__________________润滑脂，不用黄油。

图 3–5　十字轴式万向节的润滑

图 3–6　球笼式万向节的润滑

（2）更换防尘套

若防尘套损坏（见图3-7）则应更换（见图3-8），若不及时更换，汽车在转弯时，可能会出现半轴有异响的故障现象。长期不更换可能还会使球笼式万向节与传动轴脱离，导致汽车不能正常行驶。

图 3–7　防尘套损坏

图 3–8　更换新的防尘套

案例分享

【故障现象】

一辆帕萨特轿车在转向行驶过程中发出异响，转弯时尤其明显。

【故障诊断】

1. 试车，初步判断为球笼式万向节异响。一个人将转向盘转到底慢速转弯，另一个人在汽车的侧面听车轮内侧球笼式万向节处有无异常响声并判断响声的具体部位。

2. 检查发现车轮内侧球笼式万向节处有明显的“咯噔、咯噔”声。

3. 举升车辆，用手晃动球笼式万向节，感受球笼式万向节内部间隙较大，同时发现球笼式万向节橡胶防尘套老化，造成球笼式万向节长期缺油出现异响。

【故障排除】

更换球笼式万向节，试车，故障排除。

【故障原因】

1. 防尘套破裂后，杂质和灰尘容易进入万向节，加快万向节磨损，出现异响并缩短其使用寿命。现在很多轿车都是前轮驱动的，这种车型变速器和驱动桥合为一体，通过两个半轴连接车轮和变速器，驱动车辆行驶。由于车轮和变速器之间的相对位置经常变化，动力输出端与输入端的角度经常变化，因此需要万向传动装置来调节。

2. 一般外球笼（等速万向节俗称球笼，分为外球笼和内球笼）损坏最明显的特征就是汽车在直线行驶时正常，而转向时在前轮部分发出“咔咔”的响声，严重时无法转向；内球笼损坏最明显的特征是汽车在加速时或汽车行驶在不平的路面上时，在变速器部位会发出“咔咔”的异响。把车举起来，用手晃动万向节，感受万向节的间隙。一般万向节内部都是紧密配合的，几乎没有间隙；如果感受到间隙比较大，则说明万向节磨损严重，需要更换。

【案例总结】

传动轴异响主要原因有以下几方面：传动轴弯曲或轴管凹陷；传动轴未进行动平衡；传动轴上的平衡片失落；伸缩节未按标记安装，使传动轴失去平衡，并有可能造成传动轴两端的万向节叉不在同一平面上；万向节凸缘盘连接螺栓松动，使传动轴位置偏斜。

思考题

1. 后驱车辆的万向传动装置为什么要分为多段？中间支承有什么作用？
2. 等角速万向节除球笼式万向节外还有哪几种？各自有什么特点？

任务二　球笼式万向传动装置拆装

课时：________

<table>
<tr><td>班级：</td><td>组别：</td><td>姓名：</td><td>掌握程度：□优　□良　□及格　□不及格</td></tr>
<tr><td>实训目的</td><td colspan="3">1．了解球笼式万向传动装置的结构；2．掌握球笼式万向传动装置的拆装方法。</td></tr>
<tr><td>安全注意事项</td><td colspan="3">注意个人及设备安全，规范操作，严格执行6S管理。</td></tr>
<tr><td>实训器材</td><td colspan="3">整车、整车防护七件套、棉纱手套、世达工具、扭力扳手、卡簧钳、球头拉马（球头取出器）等。</td></tr>
<tr><td>教学组织</td><td colspan="3">每个工位按6位学员（组长1人、主修1人、辅修1人、观察员1人、评分1人、质检1人）作业，循环操作。</td></tr>
<tr><td>操作步骤演示</td><td colspan="3">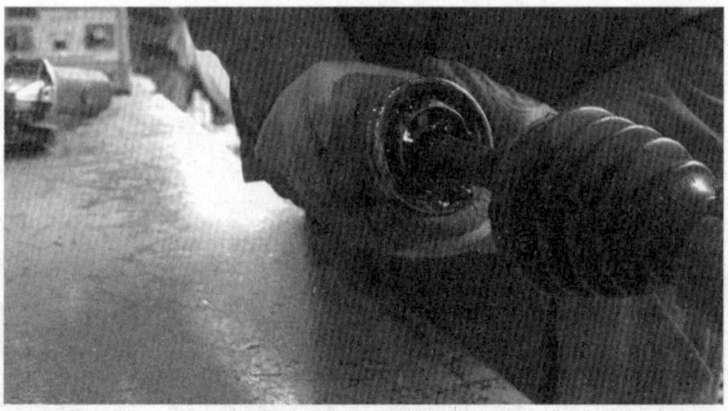
微课
球笼式万向传动装置拆装</td></tr>
<tr><td>任务</td><td colspan="3">作业记录内容　☑正确　☒错误</td></tr>
<tr><td>前期准备</td><td colspan="3">□ 1．护具——棉纱手套、整车防护七件套（车外三件套、车内四件套），如图3-9～图3-11所示。（注①）
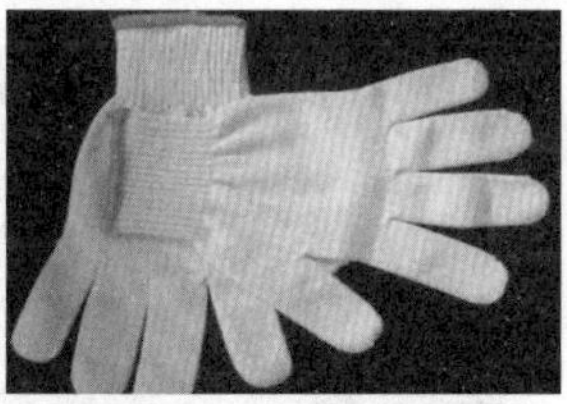
□图 3-9　棉纱手套
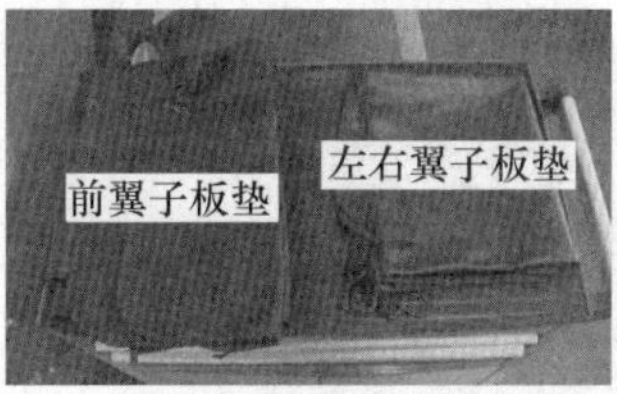

□图 3-10　车外三件套
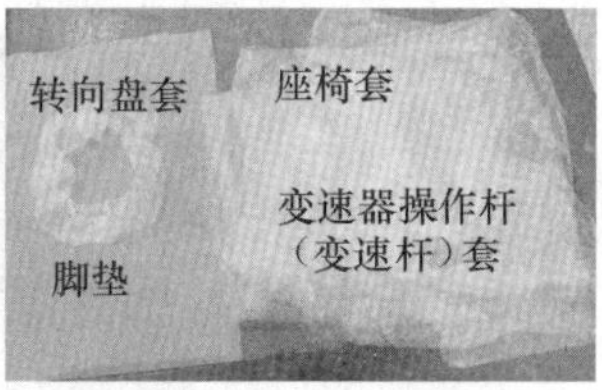

□图 3-11　车内四件套
□ 2．工具及耗材——整车、世达工具（见图3-12）、扭力扳手（见图3-13）、卡簧钳（见图3-14）、球头拉马（见图3-15）。</td></tr>
</table>

注①：准备工作一定要注意四到位。1．防护到位；2．工具到位；3．设备到位；4．耗材到位。

前期准备	 □图 3-12　世达工具 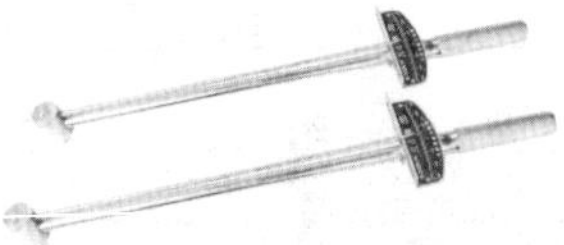 □图 3-13　扭力扳手 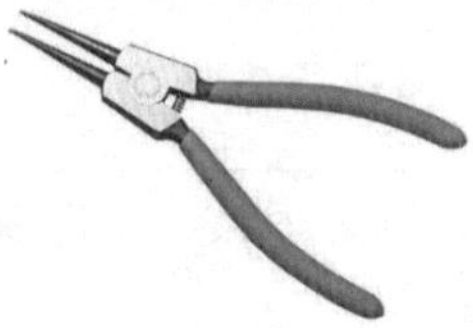 □图 3-14　卡簧钳  □图 3-15　球头拉马（球头取出器）
安全检查	□检查车辆驻车制动器是否拉起及变速杆是否处于空挡。 □检查实训台架及周围安全。 □举升车辆时，进行举升机的安全检查。 □检查举升机与车辆支点位置。 □举升车辆时，检查举升机升降过程。（注②）
防护工作	防护工作的操作步骤如图3-16～图3-18所示。  □图 3-16　人身防护  □图 3-17　车身防护 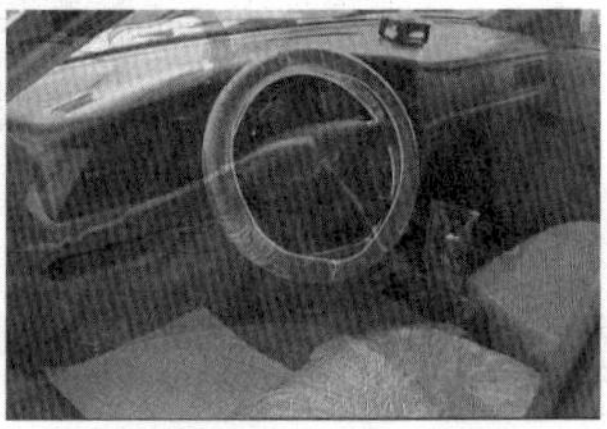 □图 3-18　车内防护
操作流程	□ 1. 用套筒扳手拧松外球笼轴头紧固螺栓（轴头螺栓），拆下轮胎固定螺栓并取下轮胎，如图3-19和图3-20所示。（注③） 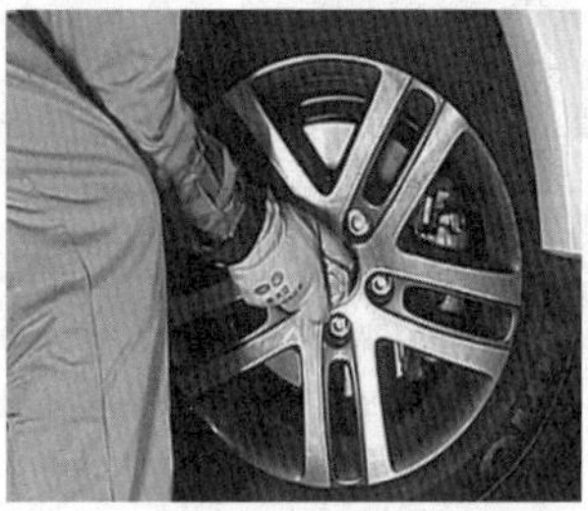 □图 3-19　拆卸外球笼轴头紧固螺栓  □图 3-20　取下轮胎

注②：举升过程中如果有异常或异响，应立即停止当前作业并及时和教师联系，不得擅自处理。
注③：拆卸轮胎螺栓时，需要按对角顺序进行操作。

操作流程

□ 2．举升车辆至合适高度（注④），取下轴头螺栓，如图3-21和图3-22所示。

□图 3–21　举升车辆

□图 3–22　取下轴头螺栓

□ 3．用套筒扳手拆下控制臂固定螺栓，同时分离控制臂球头，如图3-23和图3-24所示。

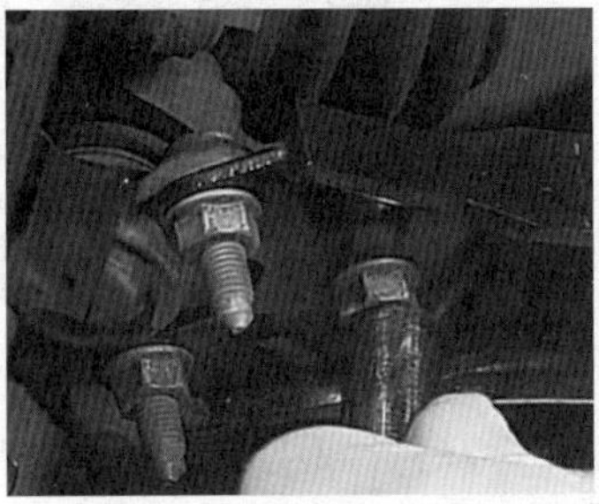

□图 3–23　拆卸控制臂固定螺栓

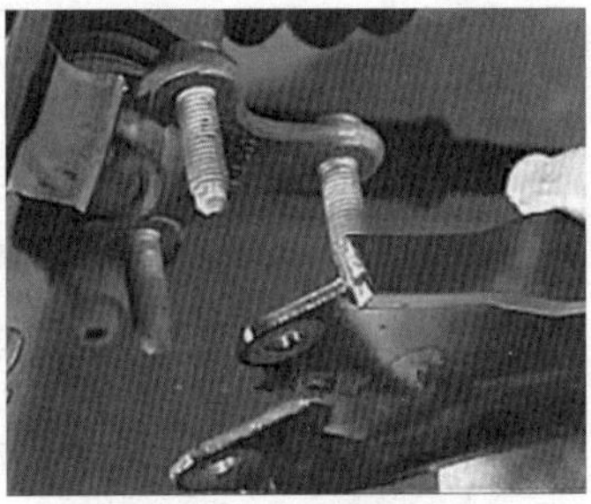

□图 3–24　分离控制臂球头

□ 4．用扳手拆卸转向横拉杆球头螺栓并使用球头拉马取出球头，如图3-25和图3-26所示。（注⑤）

□图 3–25　球头螺栓的拆卸

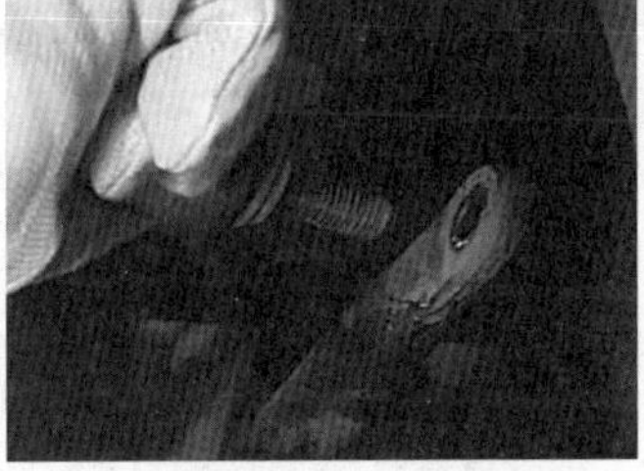

□图 3–26　取出球头

□ 5．顶出外球笼，如图3-27所示。使用合适的套筒扳手拆下内球笼6个固定螺栓，取出内球笼，如图3-28所示。

注④：使用举升机时应注意安全；教师对车辆举升位置重点检查。

注⑤：拆卸球头时，建议使用专用工具，不宜使用铁锤或撬棍。

<table>
<tr><td>操作流程</td><td>

□图 3-27　顶出外球笼
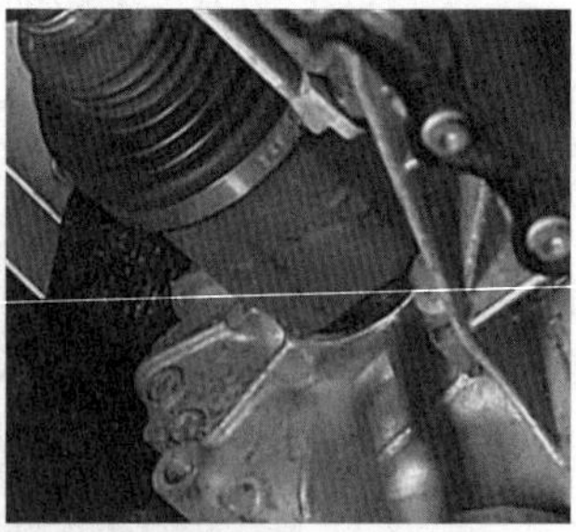
□图 3-28　取出内球笼
□ 6．取下球笼式万向传动装置并检查。取下球笼式万向传动装置总成后，检查防尘套是否破裂、防尘套卡箍是否松动，如图3-29和图3-30所示。

□图 3-29　取下球笼式万向传动装置

□图 3-30　检查球笼式万向传动装置
□ 7．球笼式万向传动装置的安装。按与拆卸相反的顺序进行安装，先拆的部件后装，后拆的部件先装。安装完成后试车，检查有无异响。
防尘套破损有什么影响？如何检查防尘套？
____
____
</td></tr>
<tr><td>设备使用</td><td>□ 工具选用是否正确　□ 工具使用是否正确　□ 防护是否到位</td></tr>
<tr><td colspan="2">检查与评估</td></tr>
<tr><td>注意事项</td><td>1．在拆卸的过程中，先拆外球笼轴头紧固螺栓，再拆卸轮胎螺栓。
2．安装时，各螺栓按照规定力矩拧紧。
3．万向节外侧防尘套必须紧固到位。
4．注意检查万向节防尘套是否破裂。</td></tr>
<tr><td>6S管理规范
（教师点评）</td><td>□整理　□整顿　□清扫　□清洁　□素养　□安全</td></tr>
<tr><td>成绩评定
（学生总结）</td><td>小组对本人的评定：□优　□良　□及格　□不及格
学生本次任务成绩：□优　□良　□及格　□不及格</td></tr>
</table>

任务拓展
图3-31所示为球笼式万向传动装置，在图中指出外球笼和内球笼的位置，并说出内、外球笼产生异响有什么区别？如何区分？ 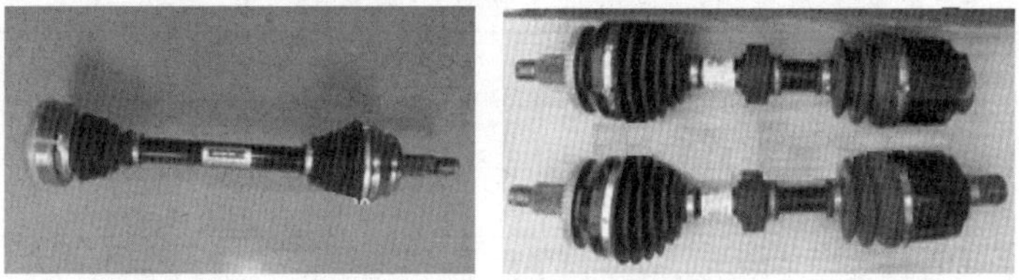 图 3-31　球笼式万向传动装置

专业考核评分表——球笼式万向传动装置拆装

班级：		组别：	组长：		日期：	
技术标准：1. 半轴总成的拆装流程；2. 球笼轴头螺栓的拆装要求						
序号	作业项目	考核内容	考核标准	分值	扣分	得分
1	准备环节	正确选用工具	选错1次扣1分	5		
		正确使用工具	用错1次扣1分	5		
2	拆卸环节	轴头螺栓的拆卸	按照标准流程规范拆卸，错1次扣2分	20		
		轮胎的拆卸				
		球头的拆卸				
		外球笼的分解	按照标准流程规范分解，错1次扣2分	20		
		内球笼的分解				
		球笼式万向传动装置拆卸				
3	安装环节	球笼式万向传动装置安装	按照分解倒序合成，错1次扣2分	20		
		内球笼的合成				
		外球笼的合成				
		球头的安装	按照拆卸倒序安装，错1次扣2分	20		
		轮胎的安装				
		轴头螺栓的安装				
4	项目实训时间		≤10min 10分 10～16min 5分 ≥16min 0分	10		
质检员：		评分员：		合计得分		
教师点评： 团队合作：优秀□ 良好□ 及格□ 不及格□　分工明确：优秀□ 良好□ 及格□ 不及格□ 专业标准：优秀□ 良好□ 及格□ 不及格□　操作规范：优秀□ 良好□ 及格□ 不及格□						
教师签字：				年　月　日		

注：实训未按规范操作，导致设备损坏或人身伤害，本次考核记0分。

实训项目四　驱动桥

任务一　驱动桥认知

课时：__________

班级：	组别：	姓名：	掌握程度：□优　□良　□及格　□不及格

一、工作任务

1．了解驱动桥的基本构造与原理。

2．掌握驱动桥的拆装方法。

二、原理与应用

1．安装位置

驱动桥安装在____，如图4-1所示（以实际实训车型为准）。

2．作用

根据图4-2简述驱动桥的作用。

____

____

图 4–1　驱动桥安装位置

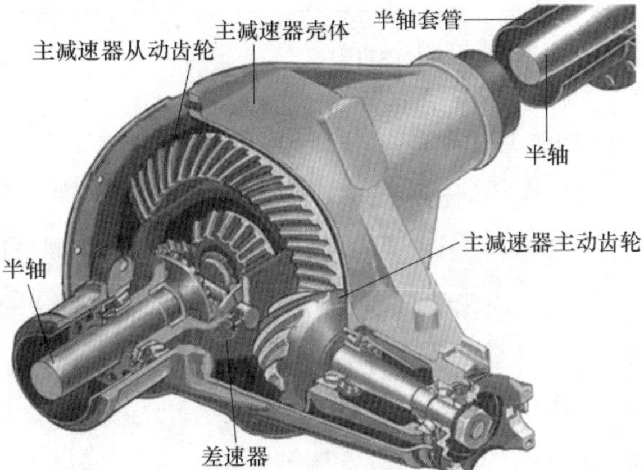

图 4–2　驱动桥的结构

3．减速器

在图4-3的方框中填写减速器各部分的名称。简述减速器的工作原理。

____

____

____

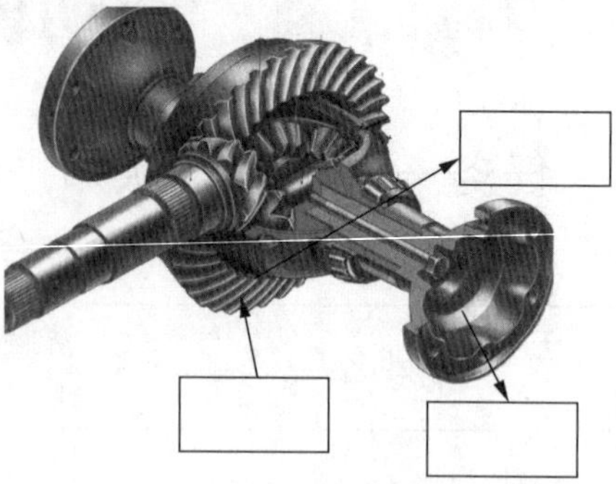

图 4–3　减速器

4．差速器

写出图4-4中各字母表示的差速器部件的名称，并简述差速器的工作原理。

A为____；

B为____；

C为____；

D为____。

工作原理：____________________________________

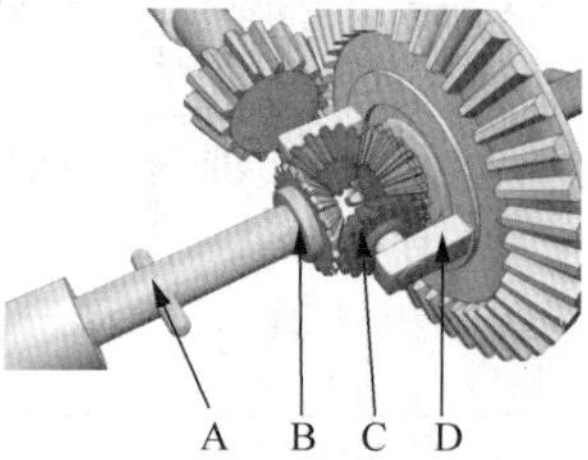

图 4–4　差速器的结构

____。

5．驱动桥齿轮油

驱动桥齿轮油如图4-5所示。

（1）选用

① 齿轮油____________大，一般选用标号为75W/90～85W/90。

② 普通车辆用的是____________齿轮油，而中等负荷车辆、重负荷车辆用的是________________齿轮油。（注①）

③ 车辆正常行驶情况下驱动桥齿轮油一般______________年或者________________万千米更换一次。

（2）齿轮油质量辨别

① 闻油味：正品油有一股___________________。

② 看流动性：正品油“挂杯”后，很长时间___________________。

③ 看气泡：正品油被摇动后，很少见__________________。

④ 看黏稠度：用手沾正品油后不易去掉，能_________________________。

注①：双曲线齿轮油不能用于普通车辆齿轮。在选择齿轮油时，不要一味地偏向于用双曲线齿轮油，而应该根据齿轮的实际需要决定。如果使用不合适的油，会使齿轮磨损加快。

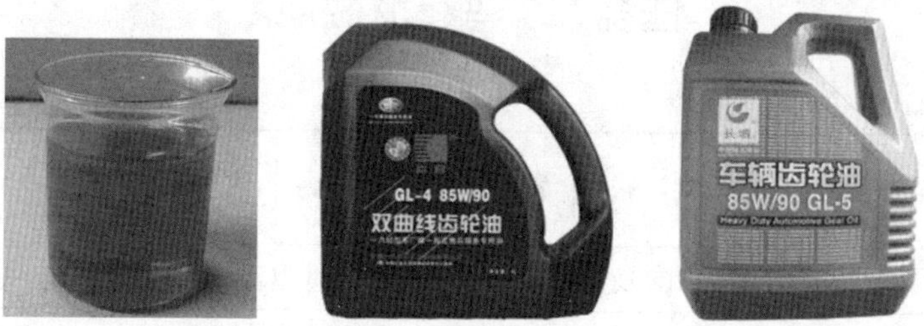

图 4-5 驱动桥齿轮油

案例分享

【故障现象】

一辆行驶里程约 3.9 万千米的大众速腾 1.8T 轿车转向时，车辆底盘发出“咕咕”的异响。

【故障诊断】

1. 试车，确认车辆以 20km/h 的速度转弯时，其前部有异响。

2. 把车辆举升后，制动任意一侧的驱动轮，挂入前进挡，异响仍然存在，排除车轮轴承和制动系统异响。

3. 更换驱动半轴，异响仍然存在，排除半轴故障可能。因只有车辆转弯时存在异响，最终判断为差速器发出响声。

4. 拆下变速器并分解，发现差速器球形衬套有不正常磨损，测量差速器行星齿轮的齿轮间隙和啮合印痕，发现啮合印痕在齿根部位。判断是差速器不正常啮合产生异响。

【故障排除】

更换球形衬套，安装试车，故障排除。

【故障原因】

差速器球形衬套的不正常磨损，造成差速器的行星齿轮啮合部位达到齿轮根部（正常应为齿轮中部啮合）。因为差速器行星齿轮只是在转弯时才发生转动，所以这种异响会在转弯时出现，故障表现为低速转弯时异响明显。

【案例总结】

造成差速器不正常损坏的原因一般是：①差速器润滑不良或油质差；②主、被动齿轮间隙调整不当；③车辆长期超负荷运行；④不良的驾驶习惯（起步过猛，车辆未停稳便由前进挡切换至倒挡）等。

思考题

1. 简述驱动桥过热的原因。
2. 如何排除驱动桥异响的故障？

任务二　驱动桥拆装

课时：__________

班级：	组别：	姓名：	掌握程度：□优　□良　□及格　□不及格

实训目的	1．了解驱动桥的结构及工作原理；2．掌握驱动桥拆装方法。
安全注意事项	注意个人及设备安全，规范操作，严格执行6S管理。
实训器材	世达工具、扭力扳手、驱动桥、拉马、卡簧钳、压力机、轴承安装工具、行星齿轮安装工具、棉纱手套、工具车、零件台架等。
教学组织	每个工位按6位学员（组长1人、主修1人、辅修1人、观察员1人、评分1人、质检1人）作业，循环操作。
操作步骤演示	 微课 驱动桥拆装
任务	作业记录内容　☑正确　☒错误
前期准备	□ 1．护具——棉纱手套、工具车、零件台架，如图4-6～图4-8所示。（注②） 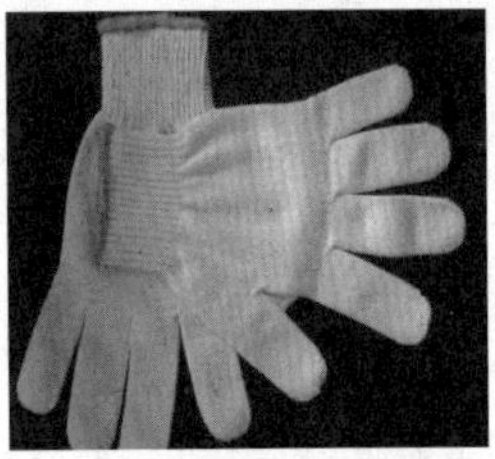 □图 4–6　棉纱手套  □图 4–7　工具车  □图 4–8　零件台架 □ 2．工具及耗材——世达工具（见图4-9）、扭力扳手（见图4-10）、驱动桥（见图4-11）、拉马、卡簧钳、压力机、轴承安装工具、行星齿轮安装工具等。  □图 4–9　世达工具 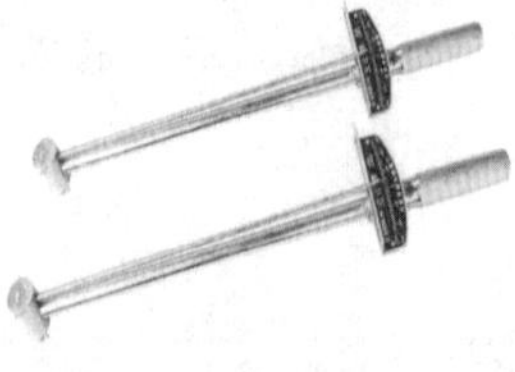 □图 4–10　扭力扳手  □图 4–11　驱动桥

注②：准备工作一定要注意四到位。1．防护到位；2．工具到位；3．设备到位；4．耗材到位。

<table>
<tr><td>安全检查</td><td>□检查实训工位及周围安全。</td></tr>
<tr><td>防护工作</td><td>防护工作如图4-12所示。

□图 4–12　人身防护</td></tr>
<tr><td>操作流程</td><td>步骤一　主减速器的分解
□ 1．找到主减速器固定螺栓，用套筒扳手拆卸主减速器固定螺栓并将其取下，如图4-13所示。拆下端盖固定螺栓并取下端盖，如图4-14所示。
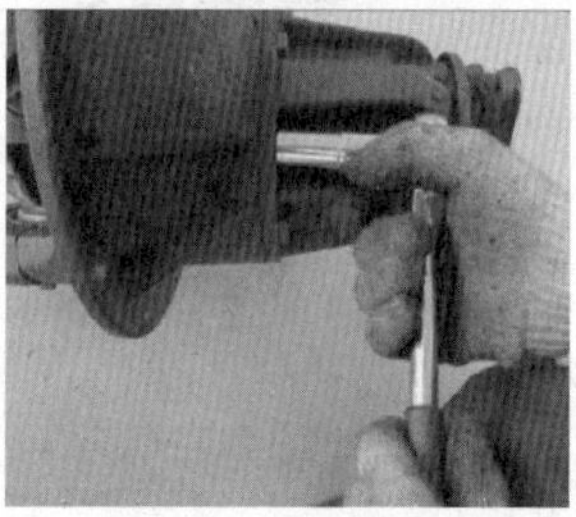
□图 4–13　拆卸主减速器固定螺栓

□图 4–14　拆卸主减速器端盖
□ 2．取下主减速器从动齿轮及差速器总成，如图4-15所示。拆卸主减速器主动齿轮紧固螺栓，如图4-16所示。

□图 4–15　取下主减速器从动齿轮及差速器总成
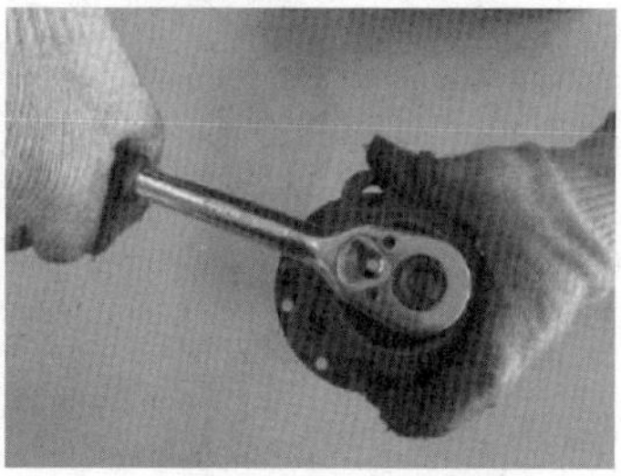
□图 4–16　拆卸主动齿轮紧固螺栓
□ 3．取下主减速器动力输入端子，如图4-17所示。取下主减速器主动齿轮轴承，如图4-18所示。
□ 4．拆卸主减速器主动齿轮并将其取出，如图4-19和图4-20所示。</td></tr>
</table>

□图 4-17　取下主减速器动力输入端子

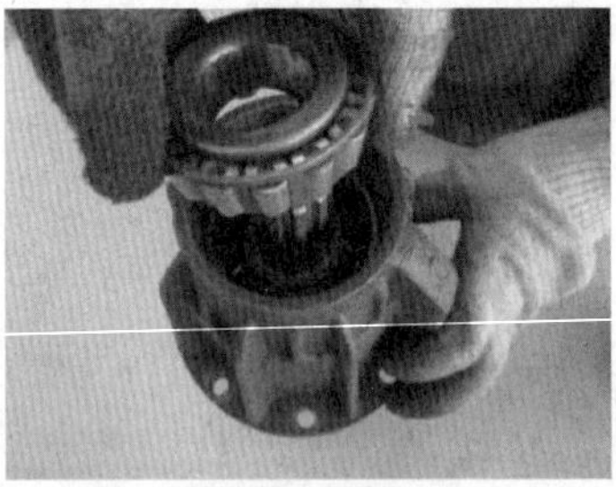

□图 4-18　取下主减速器主动齿轮轴承

□图 4-19　拆卸主减速器主动齿轮

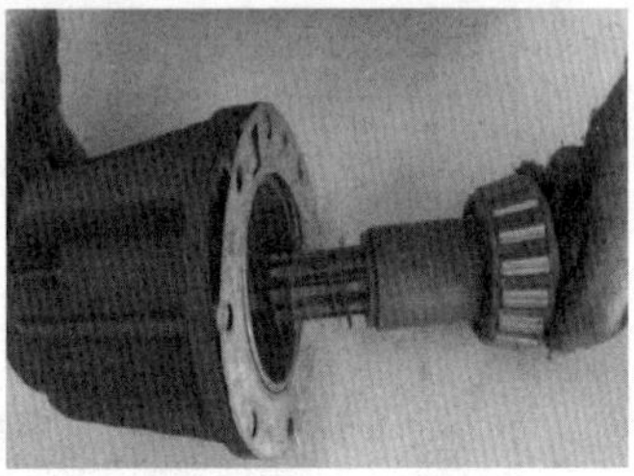

□图 4-20　取出主动齿轮

操作流程

步骤二　差速器的分解

□ 1．拆卸里程表主动齿轮，如图4-21所示。

□ 2．取下钢丝卡箍，向外抽出行星齿轮轴，如图4-22所示。

□图 4-21　拆卸里程表主动齿轮

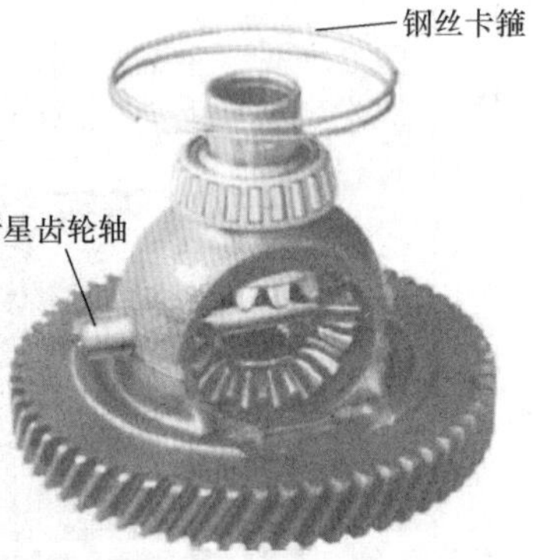

□图 4-22　抽出行星齿轮轴

□ 3．转动行星齿轮，然后取出行星齿轮组与半轴齿轮组，如图4-23所示。在半轴齿轮的顶端，即差速器壳体上取出橡胶垫圈。

□ 4．使用拉马（注③）拉松滚动轴承并将其取下，如图4-24所示。

注③：拉马是使轴承与轴相分离的拆卸工具。使用时用爪钩住轴承，然后旋转拉马上带有丝扣的顶杆，轴承就会缓缓与轴分离。

操作流程

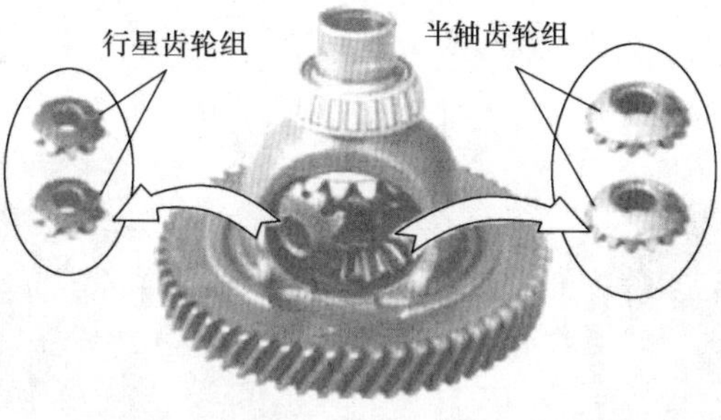

□图 4-23 取出行星齿轮组与半轴齿轮组

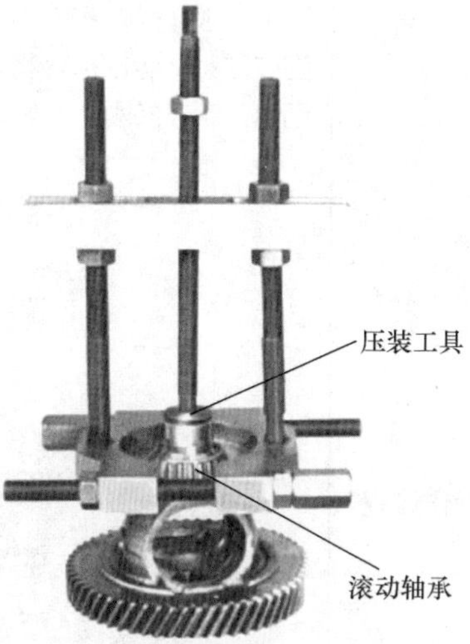

□图 4-24 拆卸滚动轴承

步骤三 差速器的组装（注④）

□ 1．使用工具在压力机上安装新的滚动轴承，如图4-25所示。

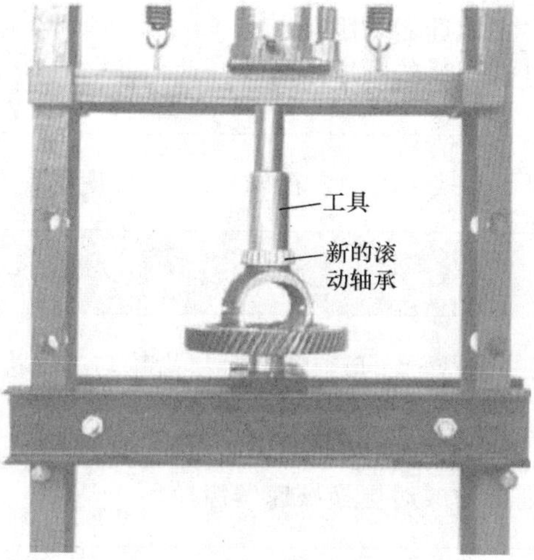

□图 4-25 安装新的滚动轴承

□ 2．对准两翼的定位孔向下按，装好里程表主动齿轮。

□ 3．将橡胶垫圈安装到差速器壳体内。

□ 4．将工具插入差速器壳体内，再翻转差速器壳体，如图4-26所示。

□ 5．将下端半轴齿轮装在工具上，用手抬着上端半轴齿轮。

注④：装配时需要用一定的专用工具。

操作流程	□ 6．将行星齿轮组装入壳体，定位好壳体旋转齿轮组使其孔位对准。 □ 7．对准孔位后将行星齿轮轴插入，如图4-27所示。 □ 8．装好钢丝卡箍，取下工具。  □图 4-26　将工具插入差速器壳体 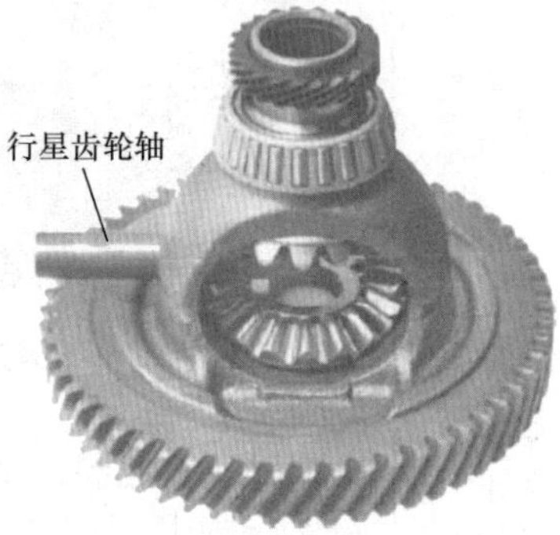 □图 4-27　安装行星齿轮轴 **步骤四　主减速器的组装** □按与分解相反的顺序组装主减速器。
设备使用	□ 工具选用是否正确　□ 工具使用是否正确　□ 防护是否到位
检查与评估	
注意事项	1．装配差速器时，必须测量行星齿轮与半轴齿轮的间隙。 2．主减速器与差速器必须成套更换。 3．减速器印痕和间隙出现矛盾时必须以印痕为准，间隙可以放大，但若超过标准间隙则必须成对更换减速器齿轮。
6S管理规范（教师点评）	□整理　□整顿　□清扫　□清洁　□素养　□安全
成绩评定（学生总结）	小组对本人的评定：□优　□良　□及格　□不及格 学生本次任务成绩：□优　□良　□及格　□不及格

任务拓展

图4-28中两驱动桥结构有什么不同？举例说明它们分别在哪些车上应用。

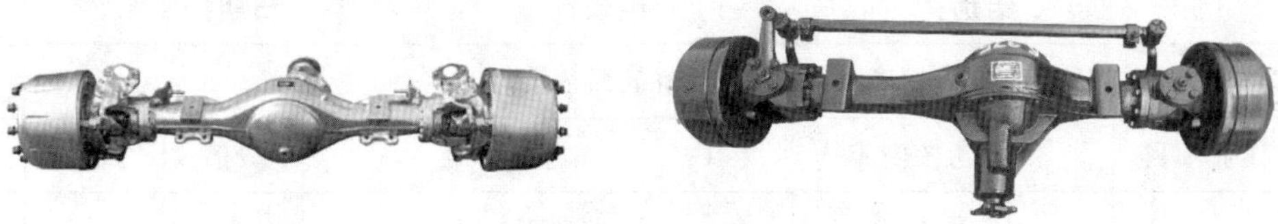

图 4–28　驱动桥

专业考核评分表——驱动桥拆装

<table>
<tr><td colspan="7">班级：　　　　组别：　　　　组长：　　　　日期：</td></tr>
<tr><td colspan="7">技术标准：1. 驱动桥总成的拆装流程；2. 驱动桥的拆装要求</td></tr>
<tr><td>序号</td><td>作业项目</td><td>考核内容</td><td>考核标准</td><td>分值</td><td>扣分</td><td>得分</td></tr>
<tr><td rowspan="2">1</td><td rowspan="2">准备环节</td><td>正确选用工具</td><td>选错1次扣1分</td><td>5</td><td></td><td></td></tr>
<tr><td>正确使用工具</td><td>用错1次扣1分</td><td>5</td><td></td><td></td></tr>
<tr><td rowspan="3">2</td><td rowspan="3">拆卸环节</td><td>主减速器从动齿轮及差速器总成拆卸</td><td rowspan="3">按照标准流程规范操作，错1次扣2分</td><td rowspan="3">40</td><td></td><td></td></tr>
<tr><td>主减速器主动齿轮拆卸</td><td></td><td></td></tr>
<tr><td>差速器的分解</td><td></td><td></td></tr>
<tr><td rowspan="3">3</td><td rowspan="3">安装环节</td><td>差速器的组装</td><td>按照标准流程规范操作，错1次扣2分</td><td>20</td><td></td><td></td></tr>
<tr><td>主减速器主动齿轮的安装</td><td rowspan="2">按照拆卸倒序安装，错1次扣2分</td><td rowspan="2">20</td><td></td><td></td></tr>
<tr><td>主减速器从动齿轮及差速器总成的安装</td><td></td><td></td></tr>
<tr><td>4</td><td colspan="2">项目实训时间</td><td>≤15min　10分
15～20min　5分
≥20min　0分</td><td>10</td><td></td><td></td></tr>
<tr><td colspan="4">质检员：　　　　评分员：</td><td colspan="2">合计得分</td><td></td></tr>
<tr><td colspan="7">教师点评：

团队合作：优秀□ 良好□ 及格□ 不及格□　　分工明确：优秀□ 良好□ 及格□ 不及格□
专业标准：优秀□ 良好□ 及格□ 不及格□　　操作规范：优秀□ 良好□ 及格□ 不及格□</td></tr>
<tr><td colspan="7">教师签字：　　　　年　　月　　日</td></tr>
</table>

注：实训未按规范操作，导致设备损坏或人身伤害，本次考核记0分。

实训项目五　离合器

任务一　离合器认知

课时：__________

班级：	组别：	姓名：	掌握程度：□优　□良　□及格　□不及格

一、工作任务

1．了解离合器的基本构造与原理。

2．掌握离合器的检测与维护方法。

二、原理与应用

1．安装位置和作用

请在图5-1中画出离合器的位置，并简述离合器的作用。

作用：____

____。

2．结构

写出图5-2中字母所表示的各部分名称。

A为______________________；B为______________________；

C为______________________；D为______________________；

E为______________________；F为______________________；

G为______________________；H为______________________。

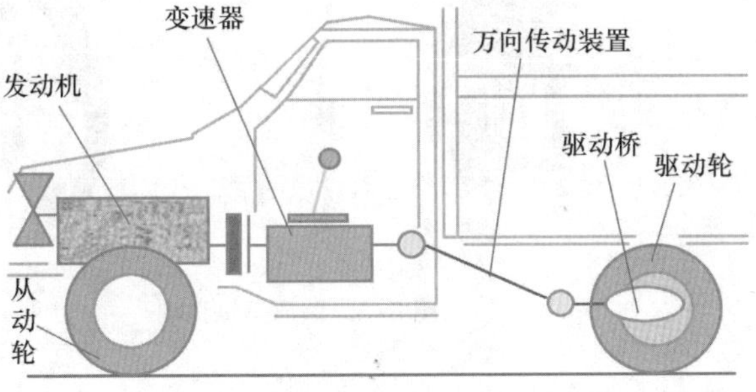

图 5–1　离合器位置

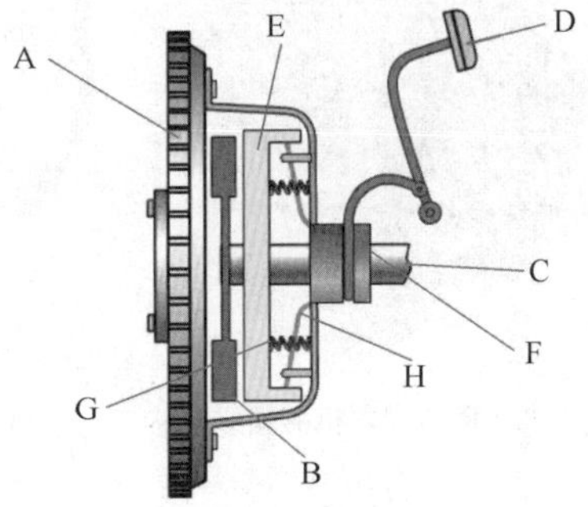

图 5–2　离合器结构

3．工作原理

根据图5-3简述离合器的工作原理。

____

____

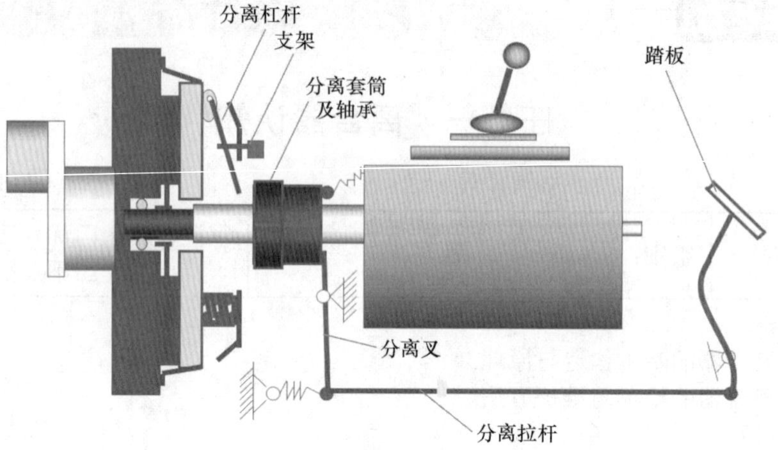

图 5–3　离合器工作原理

4．离合器操纵机构

简述图5-4和图5-5所示的两种离合器操纵机构的特点。

机械操纵机构的特点：____

____。

液压操纵机构的特点：____

____。

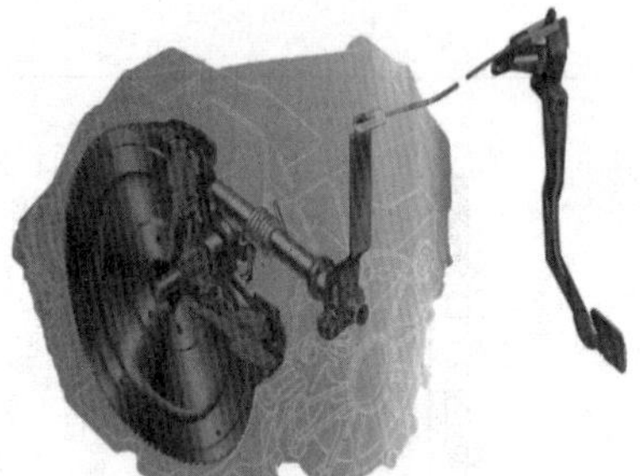

图 5–4　机械操纵机构

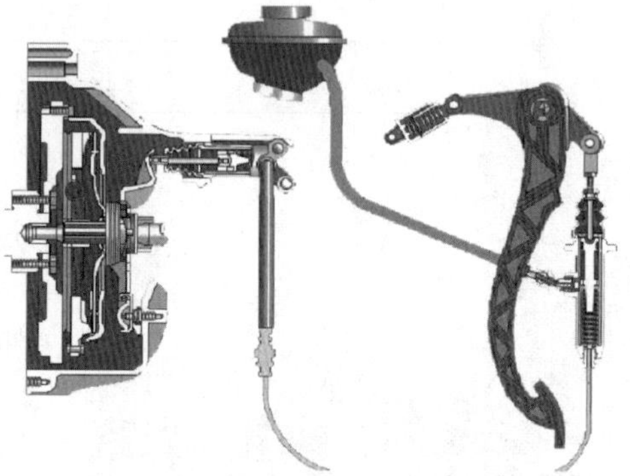

图 5–5　液压操纵机构

案例分享

【故障现象】

一辆大众捷达出租车行驶里程为 12 万千米，起步时松开离合器踏板后，起步困难，急加速时发动机转速很快升高而车速提升缓慢，同时闻到一股焦臭味。

【故障诊断】

1. 试车，发现车辆起步时，完全放松离合器踏板，仍感到起步动力不足或起步困难，从离合器内散发出焦臭味。

2. 根据故障现象判断，这是典型的离合器打滑故障，与客户交流并结合行驶里程综合判断为离合器片磨损严重导致。

3. 拆下变速器，取下离合器压盘后发现，离合器片已经磨损到极限，并且离合器片铆钉把压盘也磨坏了。

【故障排除】

更换离合器片和压盘，试车，故障排除。

【故障原因】

发动机的动力经离合器片传递到变速器，离合器片磨损后，离合器片的转速低于飞轮转速，动力不能完全传递到变速器，所以起步困难。

【案例总结】

简单判断离合器是否打滑的方法：起动发动机，挂上一挡，不要放开驻车制动器，慢抬离合器踏板直到完全松开，如果车辆不马上熄火就证明离合器存在打滑的问题，反之则不打滑。

思考题

1. 简述离合器分离不彻底的故障原因。
2. 简述离合器片的更换操作流程。

任务二　离合器操纵机构检测与维护

课时：________

班级：	组别：	姓名：	掌握程度：□优　□良　□及格　□不及格

实训目的	1．了解离合器操纵机构的结构及工作过程；2．掌握离合器操纵机构的检测与维护方法。
安全注意事项	注意个人及设备安全，规范操作，严格执行6S管理。
实训器材	整车、世达工具、液体回收罐、棉纱手套、检测笔、整车防护七件套、离合器油（制动液）、直尺等。
教学组织	每个工位按6位学员（组长1人、主修1人、辅修1人、观察员1人、评分1人、质检1人）作业，循环操作。
操作步骤演示	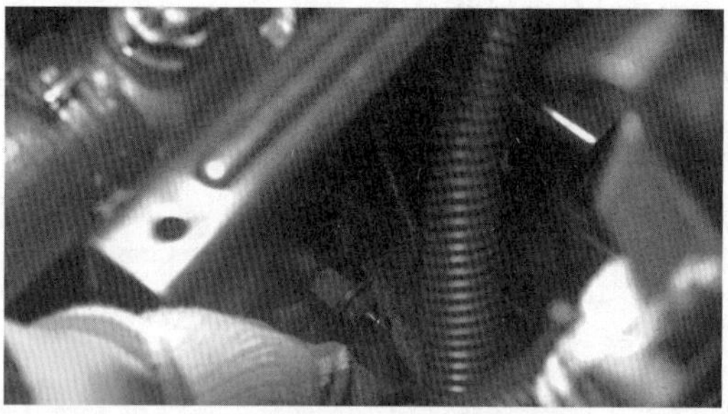 微课 离合器操纵机构检测与维护
任务	作业记录内容 ☑正确 ☒错误
前期准备	□ 1．护具——棉纱手套、整车防护七件套（车外三件套、车内四件套），如图5-6～图5-8所示。（注①） 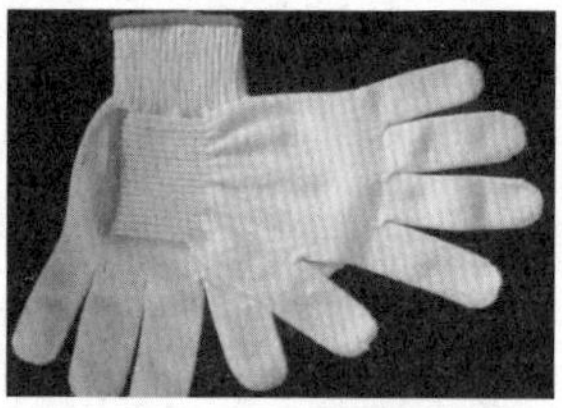 □图 5–6　棉纱手套 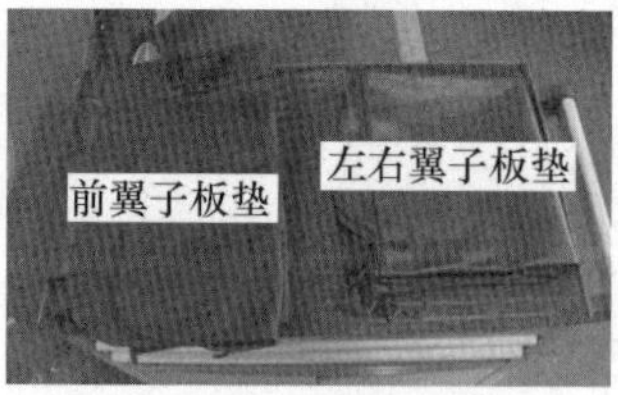 □图 5–7　车外三件套 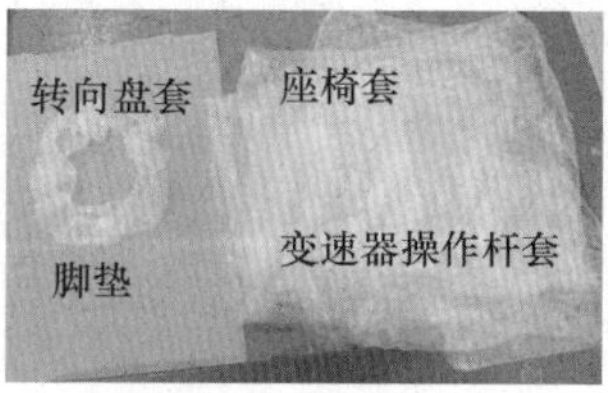 □图 5–8　车内四件套 □ 2．工具及耗材——整车、世达工具（见图5-9）、检测笔（见图5-10）、液体回收罐（见图5-11）、离合器油（见图5-12）、直尺等。

注①：准备工作一定要注意四到位。1. 防护到位；2. 工具到位；3. 设备到位；4. 耗材到位。

前期准备	 □图 5-9 世达工具  □图 5-10 检测笔  □图 5-11 液体回收罐 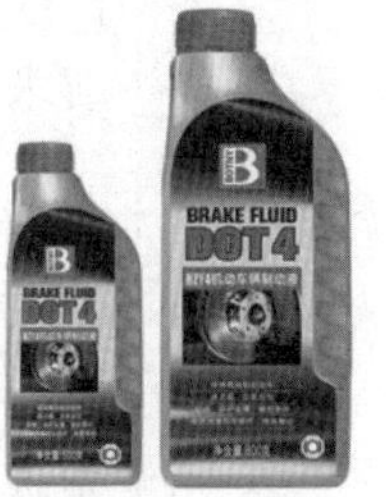 □图 5-12 离合器油
安全检查	□检查车辆驻车制动器是否拉起及变速杆是否处于空挡。 □检查实训车辆及周围安全。 □举升车辆时，进行举升机的安全检查。 □检查举升机与车辆支点位置。 □举升车辆时，检查举升机升降过程。（注②）
防护工作	防护工作的操作步骤如图5-13～图5-15所示。  □图 5-13 人身防护  □图 5-14 车身防护 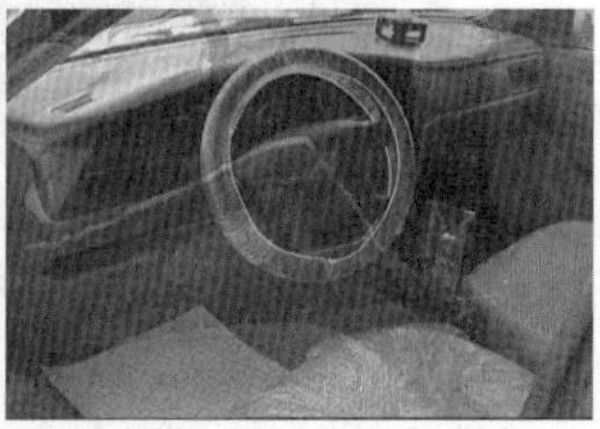 □图 5-15 车内防护
操作流程	**步骤一 离合器操纵机构的检测** □ 1. 离合器油量的检查：查看储液罐内的液面高度，如果低于最低液面标记（MIN），应添加离合器油，如图5-16所示。离合器油质的检查：观察离合器油，应透明、无味，新旧离合器油对比如图5-17所示。 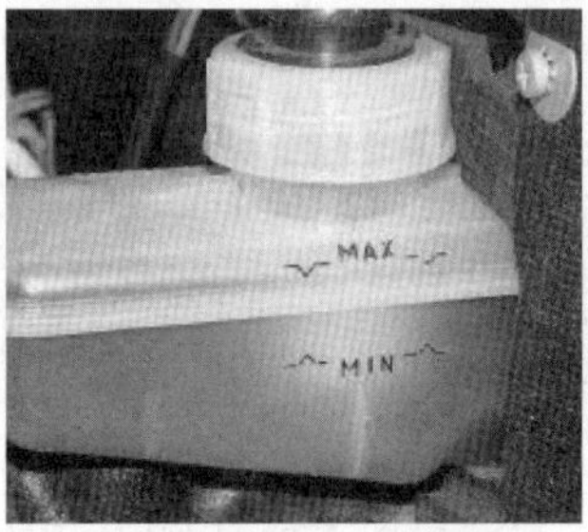 □图 5-16 油量检查  （a）旧离合器油 （b）新离合器油 □图 5-17 油质检测 彩图 图 5-17 离合器油的更换周期为__________；离合器油的型号有__________。

注②：举升过程中若有异常或异响，应立即停止当前作业并及时和教师联系，不得擅自处理。

操作流程

□ 2．离合器油含水量的检测：用检测笔检测离合器油的含水量（见图5-18），要求不超过0.5%。

离合器油含水量超标有什么影响？

____

____

步骤二　离合器操纵机构的维护

□ 1．控制系统排气。

□（1）排气工作必须由两人配合完成，一人在驾驶室内连续踩离合器踏板数次，直到踩不下去为止，然后踩住不动，如图5-19所示。液压操纵机构如图5-20所示。

□图 5–18　离合器油含水量检测

□图 5–19　踩离合器踏板

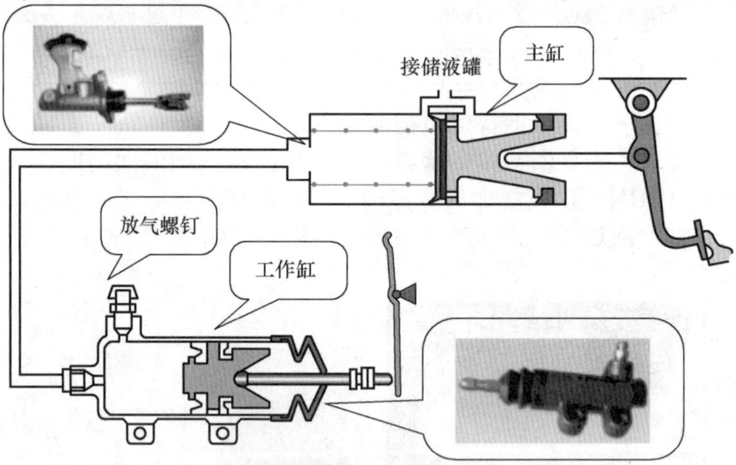

□图 5–20　液压操纵机构

□（2）另一人在车下操作，将橡胶管一端接放气螺钉（见图5-21），另一端接液体回收罐，将放气螺钉旋松，让空气与一部分离合器油排出，待离合器踏板降低到底时拧紧放气螺钉，松开离合器踏板。

□（3）重复以上两步，直到放气螺钉处排出的全是离合器油时，拧紧放气螺钉。

□ 2．排气结束后及时检查离合器油液位，确保离合器油液位在合适高度。

系统内有空气时会出现什么故障现象？

____

____

□图 5-21　离合器工作缸

操作流程

步骤三　离合器自由行程的调整

□ 1．可用普通直尺在离合器踏板处测量，先测出离合器踏板在最高位置时的高度，再测出按下离合器踏板感到稍有阻力时的高度，两者之差即为离合器踏板自由行程的数值，如数值不符合要求，则应及时调整。

□ 2．对液压操纵离合器，可通过改变离合器踏板与主缸推杆（见图5-22）啮合长度，或改变离合器工作缸推杆（见图5-23中圆圈标注）长度进行调整。（注③）

□图 5-22　主缸推杆

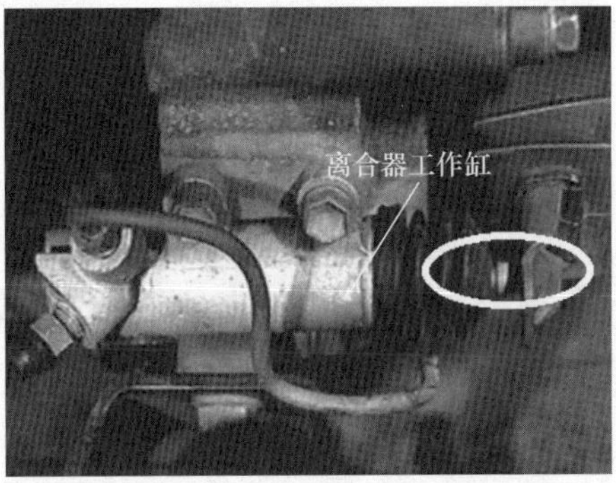

□图 5-23　离合器工作缸推杆

设备使用　□ 工具/量具选用是否正确　□ 工具/量具使用是否正确　□ 防护是否到位

注③：离合器踏板自由行程过小，甚至消失时，分离杠杆内端与分离轴承端面接触。这相当于给压盘一个分离的外力，容易使离合器在工作时打滑，不能可靠地传递动力；同时使从动盘、压盘和飞轮的磨损加剧，严重时甚至发生烧蚀；另外，还会加速分离轴承和分离杠杆端头的磨损。如果离合器踏板自由行程过大，会使离合器的分离行程变小，造成离合器分离不彻底，使变速器换挡困难，同时加快从动盘、压盘和飞轮的磨损，降低离合器的使用寿命。

<table>
<tr><th colspan="2">检查与评估</th></tr>
<tr><td>注意事项</td><td>1．严禁将离合器油溅落到地面上。
2．不同型号的离合器油禁止混用。
3．离合器油的含水量应达标。
4．操纵机构自由行程不能过大或过小。</td></tr>
<tr><td>6S管理规范
（教师点评）</td><td>□整理　□整顿　□清扫　□清洁　□素养　□安全</td></tr>
<tr><td>成绩评定
（学生总结）</td><td>小组对本人的评定：□优　□良　□及格　□不及格
学生本次任务成绩：□优　□良　□及格　□不及格</td></tr>
<tr><th colspan="2">任务拓展</th></tr>
<tr><td colspan="2">简述离合器分离不彻底的故障现象及故障原因。
____
____
______________________________</td></tr>
</table>

专业考核评分表——离合器操纵机构检测与维护

班级：		组别：	组长：	日期：		
技术标准：1. 离合器操纵机构的拆装流程；2. 离合器操纵机构拆装要求；3. 离合器操纵机构检测要求						
序号	作业项目	考核内容	考核标准	分值	扣分	得分
1	准备环节	正确选用工具/量具	选错1次扣1分	5		
		正确使用工具/量具	用错1次扣1分	5		
2	检测环节	离合器油量检查	正确使用量具，结果正确，错1次扣5分	20		
		离合器油质检测				
		离合器油含水量检测				
3	排空环节	车内人员连踩离合器踏板数次至踏板变硬后不动，并发出清晰指令	按照标准流程规范操作，错1次扣5分	40		
		车下人员排放空气，并清晰应答				
		排放空气后的检查				
4	调整环节	离合器踏板自由行程的测量	按照标准流程规范操作，错1次扣5分	20		
		离合器踏板自由行程的调整				
5	项目实训时间		≤15min 10分 15～21min 5分 ≥21min 0分	10		
质检员：		评分员：		合计得分		
教师点评：						
团队合作：优秀□ 良好□ 及格□ 不及格□			分工明确：优秀□ 良好□ 及格□ 不及格□			
专业标准：优秀□ 良好□ 及格□ 不及格□			操作规范：优秀□ 良好□ 及格□ 不及格□			
教师签字：				年	月	日

注：实训未按规范操作，导致设备损坏或人身伤害，本次考核记0分。

实训项目六 悬架

任务一 悬架认知

课时：________

班级：	组别：	姓名：	掌握程度：□优 □良 □及格 □不及格

一、工作任务

1．了解悬架的基本构造与原理。

2．掌握独立悬架的拆装方法。

二、原理与应用

1．安装位置

悬架安装在________________________________，如图6-1和图6-2所示（以实际实训车型为准）。

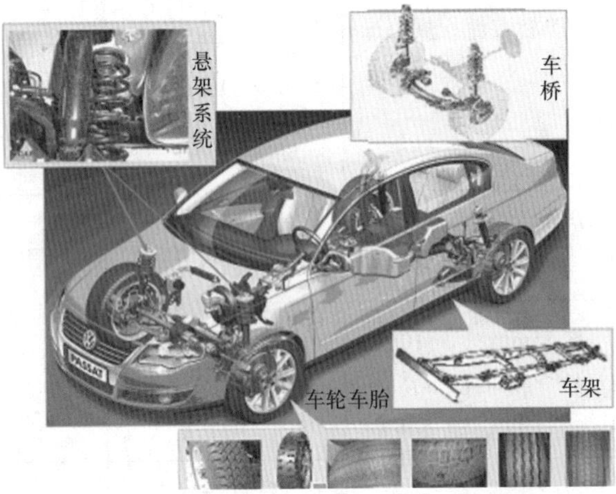

图 6–1 悬架安装位置

图 6–2 悬架

2．作用

悬架的作用是____。

3．分类

（1）独立悬架的定义：____。

独立悬架的特点：____

____。

（2）非独立悬架的定义：______________________________________。

非独立悬架的特点：____

____。

（3）图6-3中，____________是独立悬架，____________是非独立悬架。

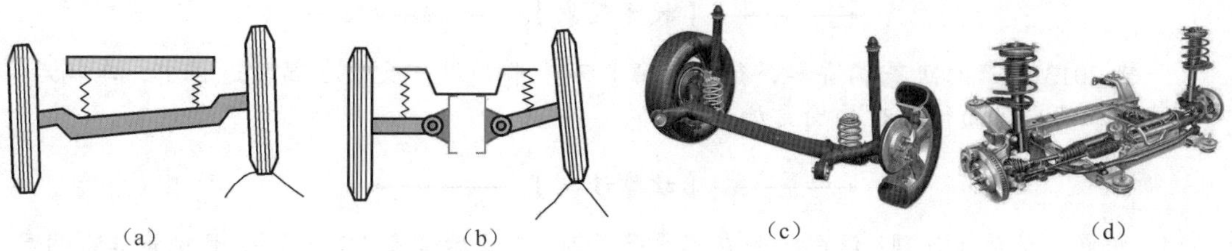

图 6–3 悬架类型

4．横向稳定杆认知

（1）结构

横向稳定杆中部用套筒与____________铰接，杆的两端分别固定在左、右悬架上，如图6-4所示。

（2）作用

① 车身只做垂直运动时，两侧悬架变形相同，横向稳定杆____________。

② 当车身侧倾时，两侧悬架跳动不一致，横向稳定杆发生____________，杆身的弹力成为继续侧倾的阻力，起到横向____________的作用。

5．结构

在图6-5中标注各部分名称并简述各部分的作用。

____

____

____

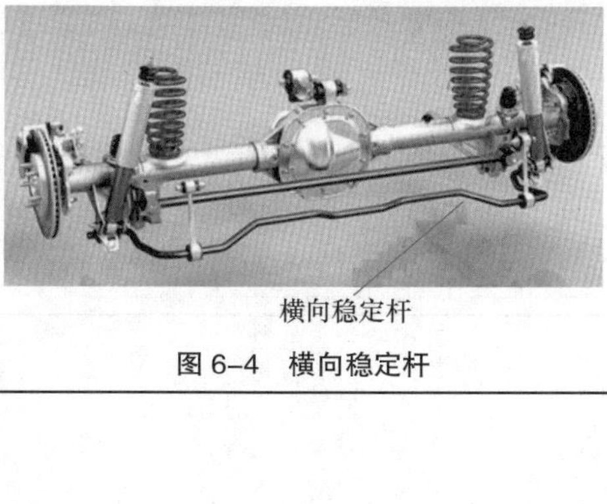

图 6–4 横向稳定杆

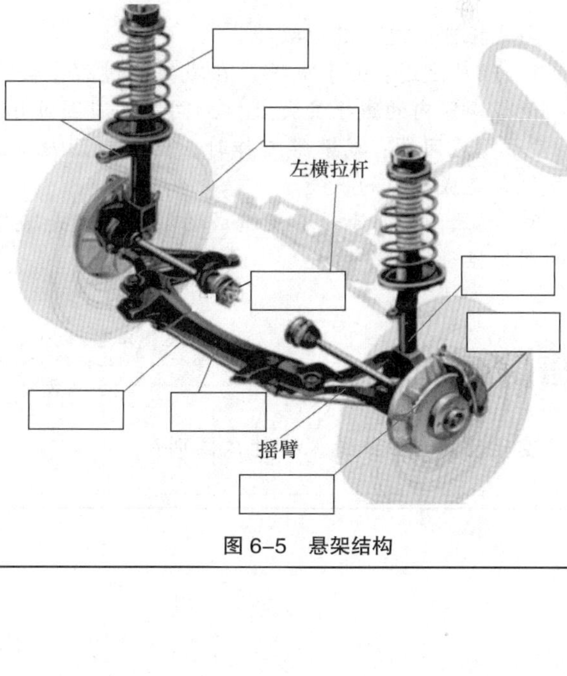

图 6–5 悬架结构

案例分享

【故障现象】

一辆2013年产的凯美瑞轿车，行驶里程8万千米。用户反映在驾驶过程中，车辆后部有异响，在不平路面行驶时异响更加严重。

【故障诊断】

1. 维修人员试车发现，该车行驶在不平路面时，车身后部有“咚咚”声，且响声非常明显。根据异响部位初步判断故障在后减振器。

2. 将后排座椅及C柱饰板全部拆下来路试，发现响声是从后减振器上座部分发出的。

3. 举升车辆检查减振器，并按照规定力矩紧固每一个螺栓，进行路试，故障依旧。

4. 经过反复试车及分析，再次确定异响的部位在后减振器，把两个后减振器卸下后检查，发现有减振器顶胶破裂。

【故障排除】

更换减振器顶胶，安装试车，故障排除。

【故障原因】

顶胶就是压力顶胶，俗称带弹簧座圈减振架支座，它的材料是塑料橡胶，主要起到缓冲作用，在车辆过减速带时，在轮胎落地的瞬间起到缓冲作用，除此之外还能隔绝一部分轮胎与地面之间的摩擦声。顶胶破裂后缓冲作用下降，在不平路面上行驶时，就会有“咚咚”响。顶胶损坏常见现象：乘坐舒适性变差，过减速带时异响声音大；胎噪变大，听到严重的“轰轰”声；车辆直线行驶时跑偏。

【案例总结】

由减振器引起的其他故障。

1. 阻尼衰退：由于减振器在减振的过程中会产生大量热，因此在剧烈运动后会产生高温，使减振器内的减振液失效，如同制动液因过热失效一样，这种现象称为阻尼衰退。

2. 气泡问题：减振器工作时，活塞对阻尼油造成搅动的效果，会使阻尼油产生气泡，而气泡会造成阻尼的丧失。

3. 漏油问题：油封不良造成的漏油问题是减振器损坏的主要因素，这直接关系到减振器的耐用性。

思考题

空气悬架与独立悬架有什么区别？

任务二 独立悬架拆装

课时：________

<table>
<tr><td>班级：</td><td>组别：</td><td>姓名：</td><td>掌握程度：□优 □良 □及格 □不及格</td></tr>
<tr><td>实训目的</td><td colspan="3">1．了解独立悬架的类型及基本构造；2．掌握独立悬架拆装方法。</td></tr>
<tr><td>安全注意事项</td><td colspan="3">注意个人及设备安全，规范操作，严格执行6S管理。</td></tr>
<tr><td>实训器材</td><td colspan="3">整车、世达工具、整车防护七件套、棉纱手套、十字扳手、球头拉马（球头取出器）、扭力扳手等。</td></tr>
<tr><td>教学组织</td><td colspan="3">每个工位按6位学员（组长1人、主修1人、辅修1人、观察员1人、评分1人、质检1人）作业，循环操作。</td></tr>
<tr><td>操作步骤演示</td><td colspan="3">
微课
独立悬架拆装</td></tr>
<tr><td>任务</td><td colspan="3">作业记录内容 ☑正确 ☒错误</td></tr>
<tr><td>前期准备</td><td colspan="3">□ 1．护具——棉纱手套、整车防护七件套（车外三件套、车内四件套），如图6-6～图6-8所示。（注①）
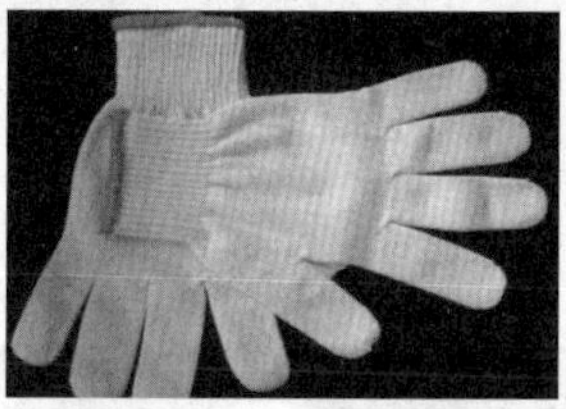
□图 6-6 棉纱手套
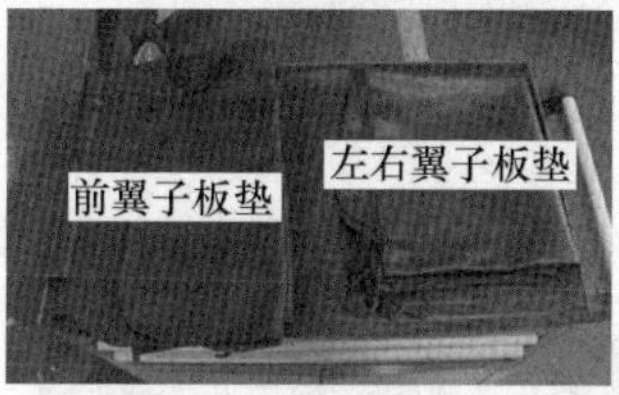

□图 6-7 车外三件套
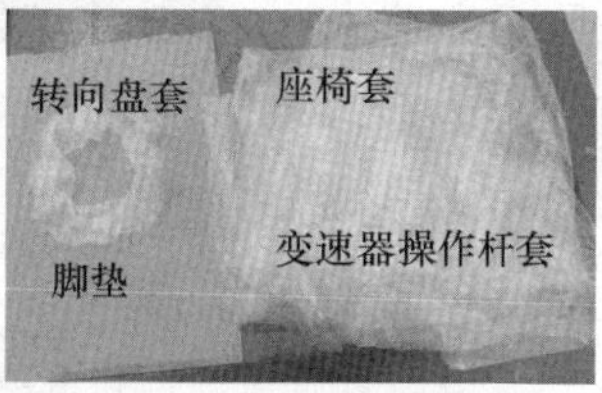

□图 6-8 车内四件套
□ 2．工具及耗材——整车、世达工具（见图6-9）、球头拉马（见图6-10）、扭力扳手（见图6-11）、十字扳手等。

□图 6-9 世达工具

□图 6-10 球头拉马
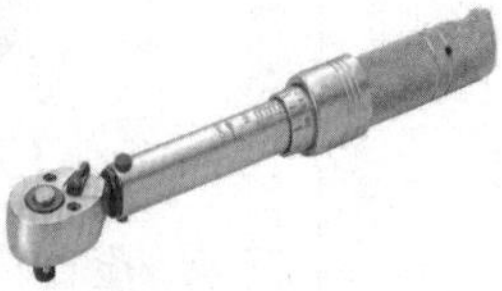
□图 6-11 扭力扳手</td></tr>
</table>

注①：准备工作一定要注意四到位。1. 防护到位；2. 工具到位；3. 设备到位；4. 耗材到位。

安全检查	□检查车辆驻车制动器是否拉起及变速杆是否处于空挡。 □检查实训台架及周围安全。 □举升车辆时，进行举升机的安全检查。 □检查举升机与车辆支点位置。 □举升车辆时，检查举升机升降过程。（注②）
防护工作	防护工作的操作步骤如图6-12～图6-14所示。  □图 6-12　人身防护  □图 6-13　车身防护 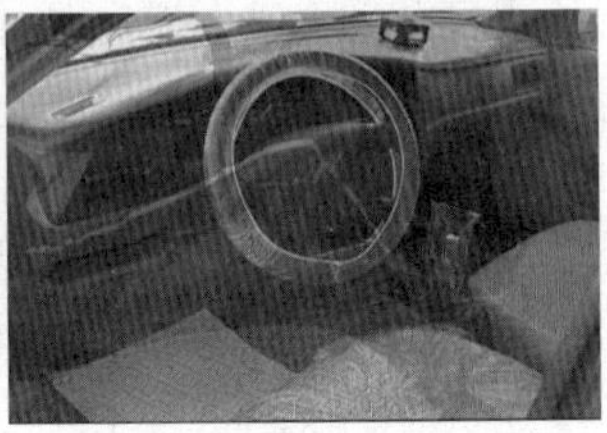 □图 6-14　车内防护
操作流程	**步骤一　在整车上检查悬架状况** □ 1．检查左、右两侧减振器是否存在泄漏和损坏，如图6-15所示。 □ 2．检查左、右两侧螺旋弹簧是否损坏，如图6-16所示。 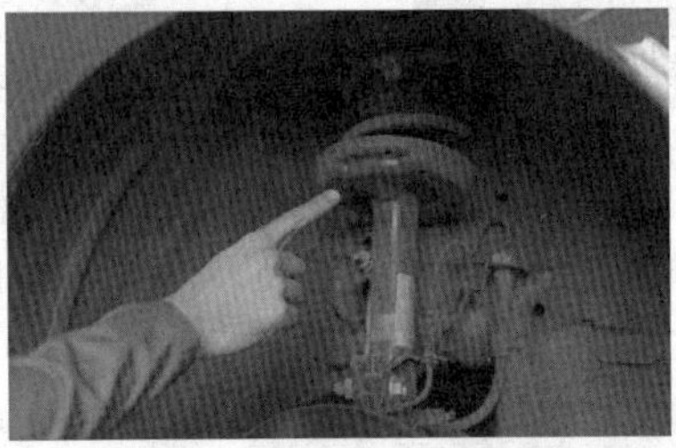 □图 6-15　检查减振器 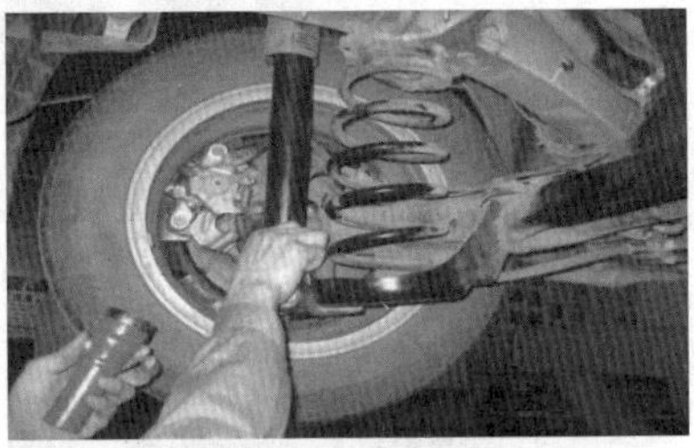 □图 6-16　检查螺旋弹簧 □ 3．检查左、右两侧转向节是否损坏，如图6-17所示。 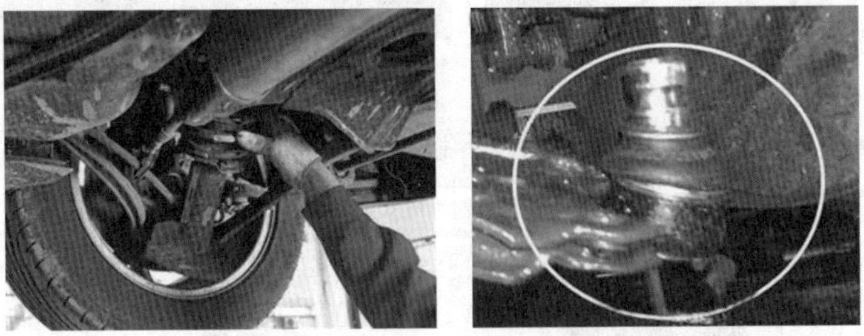 □图 6-17　检查转向节 □ 4．检查转向节下臂是否损坏。 □ 5．检查横向稳定杆与左、右两端悬架连接状况，检查横向稳定杆是否损坏。

注②：举升过程中若有异常或异响，应立即停止当前作业并及时和教师联系，不得擅自处理。

操作流程

步骤二　悬架拆卸

□ 1．用套筒扳手拧松轴头螺栓（见图6-18）。用十字扳手拆卸轮胎螺栓，并取下轮胎（见图6-19）。

轮胎螺栓的拧紧力矩为________N·m；轴头螺栓的拧紧力矩为________N·m。

□图 6-18　拧松轴头螺栓

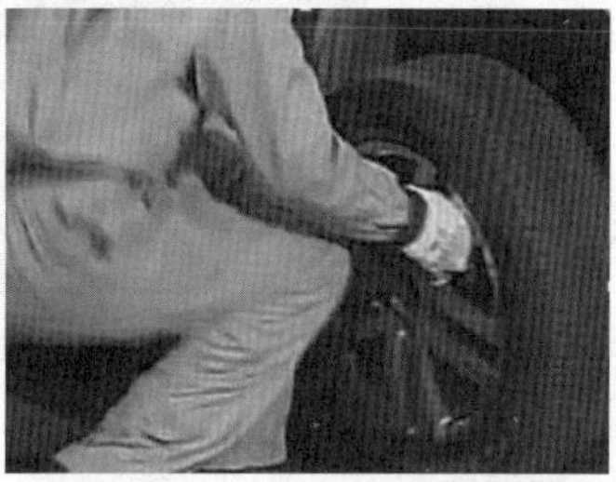

□图 6-19　取下轮胎

□ 2．举升车辆到合适高度，如图6-20所示。拆下轴头螺栓，如图6-21所示。

□图 6-20　举升车辆

□图 6-21　拆下轴头螺栓

□ 3．用套筒扳手拆卸下控制臂的固定螺栓，并分离下控制臂球头，如图6-22和图6-23所示。

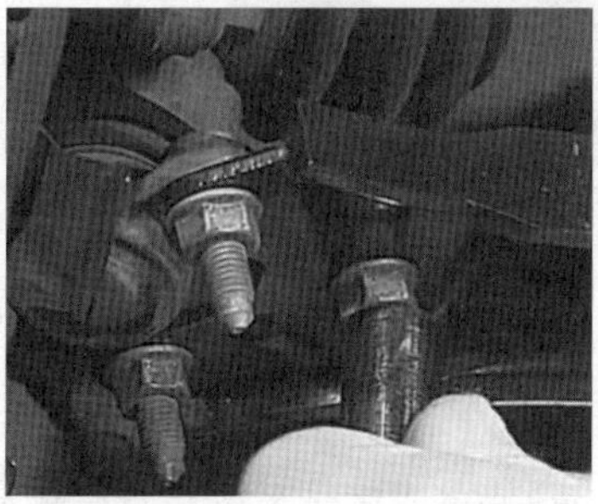

□图 6-22　拆卸下控制臂固定螺栓

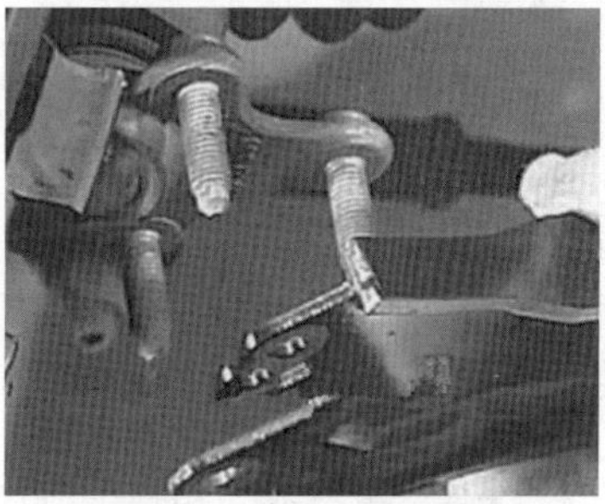

□图 6-23　分离控制臂球头

<table>
<tr><td>操作流程</td><td>
□ 4．用扳手拆下转向横拉杆球头螺栓，并用球头拉马取下球头，如图6-24和图6-25所示。
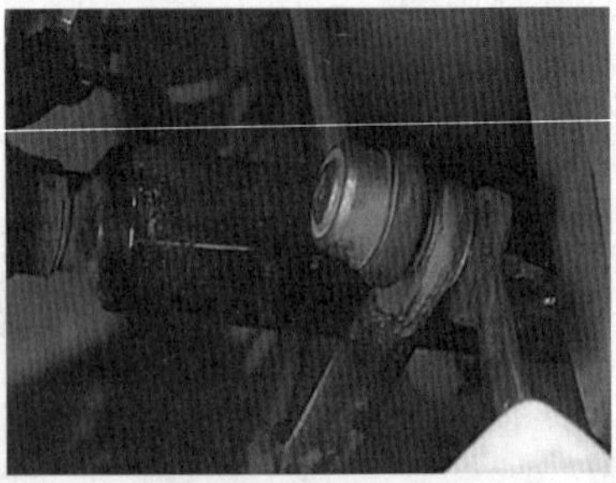
□图 6-24　拆卸球头螺栓
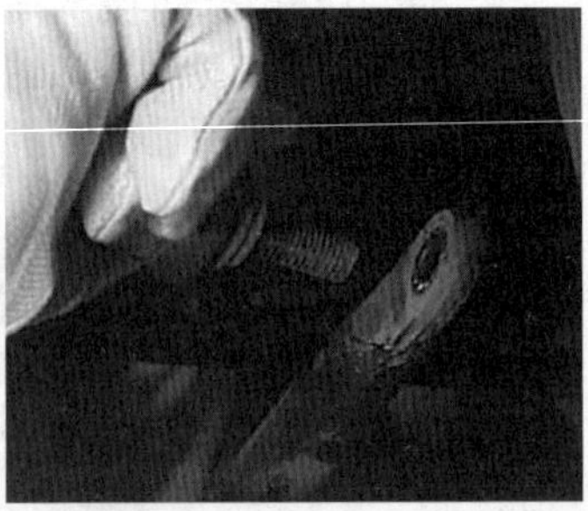
□图 6-25　取下球头
□ 5．顶出半轴的外球笼。用合适的套筒扳手拆下减振器盖板上的3个固定螺栓，拆下减振器上部中心螺母，拆下减振器盖板，如图6-26和图6-27所示。

□图 6-26　顶出外球笼

□图 6-27　拆卸减振器盖板
□ 6．取下悬架总成，检查减振器是否漏油、防尘套是否老化，如图6-28所示。

□图 6-28　取下悬架总成
□ 7．用手拉、压减振器，手拉的阻力大于手压的阻力为正常。
步骤三　悬架安装
□按与拆卸相反的顺序安装悬架，安装完成后试车，检查有无异响等故障。
</td></tr>
<tr><td>设备使用</td><td>□ 工具选用是否正确　□ 工具使用是否正确　□ 防护是否到位</td></tr>
</table>

检查与评估	
注意事项	1．拆卸减振器时注意位置，以便后续能正确安装，必要时做四轮定位。 2．拆卸半轴时注意外半轴的螺栓紧固力矩。 3．更换减振器时必须左、右轮一起更换，避免造成汽车跑偏。 4．拆装下控制臂时注意车轮外倾角的角度。
6S管理规范（教师点评）	□整理 □整顿 □清扫 □清洁 □素养 □安全
成绩评定（学生总结）	小组对本人的评定：□优 □良 □及格 □不及格 学生本次任务成绩：□优 □良 □及格 □不及格

任务拓展
汽车减振器损坏有什么故障现象？怎样处理？ __________ __________ __________

专业考核评分表——独立悬架拆装

班级：		组别：	组长：		日期：	
技术标准：1. 独立悬架的拆装流程；2. 独立悬架的拆装要求						
序号	作业项目	考核内容	考核标准	分值	扣分	得分
1	准备环节	正确选用工具	选错1次扣1分	5		
		正确使用工具	用错1次扣1分	5		
2	检查环节	整车检查悬架状况	检查方法、结果正确，错1处扣2分	10		
3	拆卸环节	轮胎的拆卸	按照标准流程规范操作，错1次扣2分	40		
		轴头螺栓拆卸				
		控制臂球头拆卸				
		转向横拉杆球头拆卸				
		转向节拆卸				
		减振器拆卸				
4	安装环节	减振器安装	按照拆卸倒序安装，错1次扣2分	30		
		转向节安装				
		转向横拉杆球头安装				
		控制臂球头安装				
		轴头螺栓安装				
		轮胎安装及轴头螺母的紧固				
5	项目实训时间		≤25min 10分 25～31min 5分 ≥31min 0分	10		
质检员：		评分员：		合计得分		
教师点评： 团队合作：优秀□ 良好□ 及格□ 不及格□　分工明确：优秀□ 良好□ 及格□ 不及格□ 专业标准：优秀□ 良好□ 及格□ 不及格□　操作规范：优秀□ 良好□ 及格□ 不及格□						
教师签字：				年 月 日		

注：实训未按规范操作，导致设备损坏或人身伤害，本次考核记0分。

实训项目七 轮胎

任务一 轮胎认知

课时：__________

班级：	组别：	姓名：	掌握程度：□优 □良 □及格 □不及格

一、工作任务

1．了解汽车轮胎的基本构造及分类。

2．掌握轮胎的拆装、修补、动平衡的操作方法。

二、原理与应用

1．轮胎标识位置

请写出轮胎标识在实训车辆上的位置：________________________。

2．型号

写出图7-1中数字和字母的含义。

245为________________；45为________________；

R为________________；18为________________；

96为________________；Y为________________。

3．轮胎检测认知

（1）轮胎沟槽深度检查（见图7-2）

使用____________专用工具测量轮胎沟槽深度，在轮胎表面上均匀间隔120°处，测量3个位置，每个位置测量____________个沟槽深度，记录最小值。

图 7-1 轮胎的型号

图 7-2 轮胎沟槽深度检查

（2）轮胎气压检查（见图7-3）

用____________工具检查轮胎气压，若轮胎气压不正常，应调整轮胎气压到____________。备胎气压要比正常使用的轮胎气压标准值高出______%左右。

（3）充气嘴密封性检查（见图7-4）

拧下充气嘴保护帽，将____________涂在充气嘴上，检查备胎充气嘴是否漏气，若无漏气，清洁充气嘴后，将充气嘴保护帽拧紧。

图 7-3　轮胎气压检查

图 7-4　充气嘴密封性检查

4．品牌

除图7-5所示的轮胎品牌以外还有哪些品牌？（列举的轮胎品牌数量不低于4个）

____

____

____

5．轮胎换位

简述图7-6所示的两种轮胎换位的特点。

____

____

图 7-5　轮胎品牌

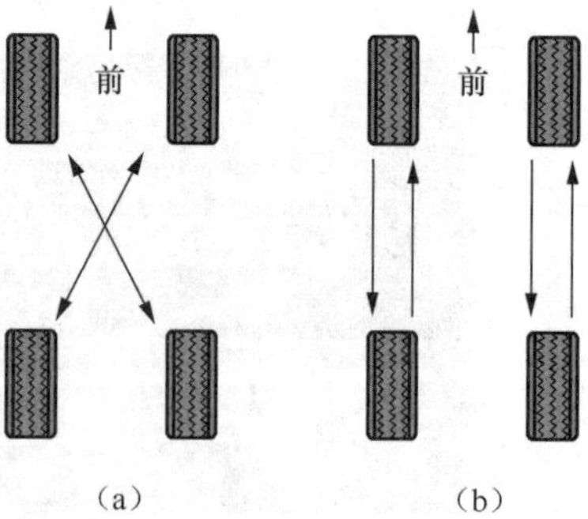

图 7-6　轮胎换位

6．轮胎气压

如图7-7所示，简述轮胎气压过高或不足对汽车的影响。

轮胎气压过高的危害：____

____。

轮胎气压不足的危害：____

____。

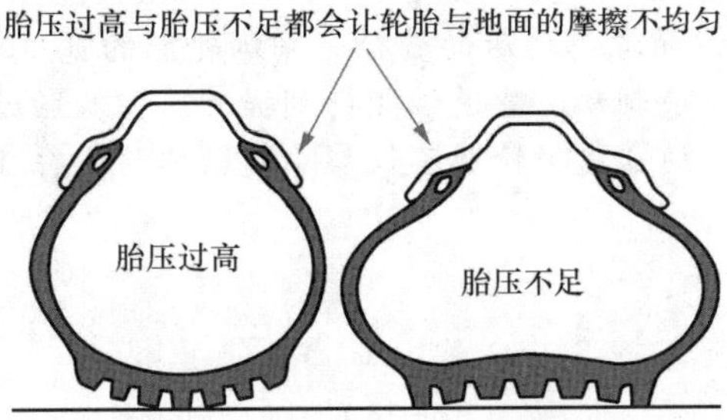

图 7-7　轮胎气压过高与不足

□ 案例分享 □

【故障现象】

一辆行驶里程仅有 1000km 的三菱猎豹黑金刚越野车，出现急踩加速踏板时车辆向右跑偏、松开加速踏板时车辆向左跑偏的故障。

【故障诊断】

1. 检查轮胎气压及底盘螺栓的紧固情况，均无异常；检查车身左右两侧高度，正常。

2. 检查同轴两侧轮胎的花纹，均无异常。

3. 检查转向及其连接机构、悬架装置，均正常。

4. 进行四轮定位，检查结果如下：前束值为 3.4mm（标准值为 3.5mm ± 3.5mm），左前轮、右前轮外倾角分别为 0° 04'、0° 44'（标准值为 0° 40' ± 30'），左前轮、右前轮主销后倾角分别为 2° 04'、3° 48'（标准值为 3° ± 1°），轴距为 2732mm（标准值为 2725mm ± 16mm），主销内倾角无参数。把左前轮外倾角调整至 0°44' 后路试，故障依旧。为了纠正车辆向左跑偏，特意将左前外倾角加大至 0° 50' 后路试，故障依旧。

5. 维修人员进行了认真的分析，在排除转向、制动及悬架等系统部件损坏或螺栓松动，以及四轮定位参数失准等因素的情况下，推断可能导致该车故障的原因有：轮胎问题；前驱动桥和后驱动桥的减速器传动比不一致。仔细检查轮胎，发现该车安装的不是原厂配备的 235/85R16 规格的轮胎，而是 265/70R16 规格的雪地轮胎。

【故障排除】

更换原厂配备的轮胎，车辆行驶一切正常，故障排除。

【故障原因】

该车原厂安装的是 235/85R16 规格的轮胎，客户自己安装的是 265/70R16 规格的雪地轮胎。客户更换的轮胎直径比原厂配备的轮胎直径小，并且换成宽的轮胎后，前轮主销外倾角下端的延长线至地面的接触点与轮胎中心线和地面的接触点之间的距离增加，使四轮定位的参数发生变化，影响车辆行驶的稳定性。

【案例总结】

轮胎的选择不能只注重单一性能，大部分车出厂时选用的轮胎都是兼顾了耐用性、舒适性和各种气候适应性等多方面考虑之后的选择。增加轮胎的宽度可以加大轮胎的触地面积，从而提升轮胎的抓地能力，使制动、弯道性能得到提升。但轮胎过宽、过大的抓地力会使行驶阻力增加，产生高油耗，随意更换轮胎不仅影响驾驶体验还存在安全隐患，建议使用原厂型号的轮胎。

思考题

1. 车辆出现哪些故障需要做车轮动平衡？
2. 被钉子扎破的轮胎都能补吗？为什么？

任务二　轮胎专项实训

课时：__________

班级：	组别：	姓名：	掌握程度：□优　□良　□及格 □不及格
实训目的	1．了解轮胎专项维护（扒胎、补胎、动平衡）内容；2．掌握轮胎专项维护方法。		
安全注意事项	注意个人及设备安全，规范操作，严格执行6S管理。		
实训器材	整车、世达工具、整车防护七件套、扭力扳手、扒胎机、动平衡机、打磨机、毛刷、补胎胶片、补胎胶水、平衡块、轮胎润滑剂、气门芯拆装工具、撬棍、胎压表、清洗剂、滚轮器等。		
教学组织	每个工位按6位学员（组长1人、主修1人、辅修1人、观察员1人、评分1人、质检1人）作业，循环操作。		
操作步骤演示	 微课 轮胎专项实训		
任务	作业记录内容　☑正确　☒错误		
前期准备	□ 1．护具——棉纱手套、整车防护七件套（车外三件套、车内四件套），如图7-8～图7-10所示。（注①） 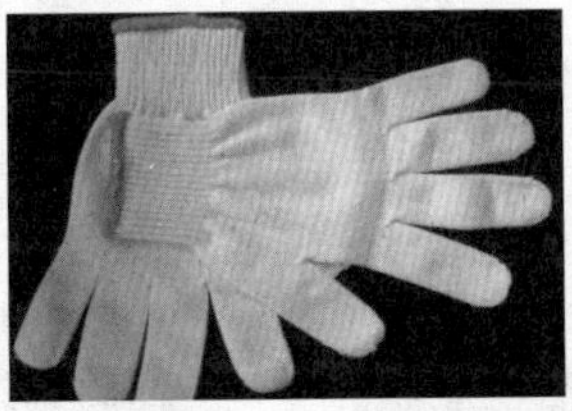 □图 7–8　棉纱手套  □图 7–9　车外三件套 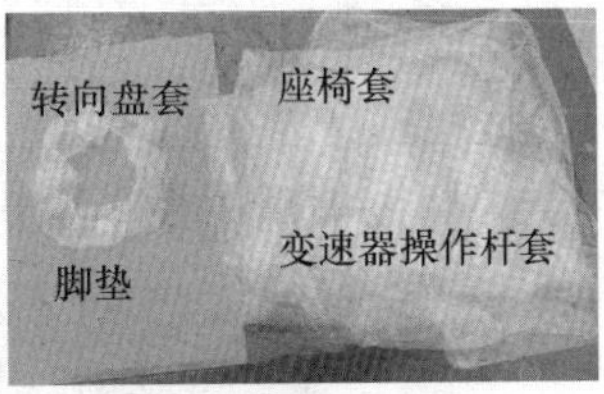 □图 7–10　车内四件套 □ 2．工具及耗材——整车、打磨机（见图7-11）、扒胎机（见图7-12）、动平衡机（见图7-13）、世达工具（见图7-14）、扭力扳手（见图7-15）、轮胎润滑剂（见图7-16）、气门芯拆装工具（见图7-17）、补胎胶片和补胎胶水（见图7-18）、平衡块（见图7-19）、撬棍、胎压表、清洗剂、滚轮器、毛刷等。		

注①：准备工作一定要注意四到位。1．防护到位；2．工具到位；3．设备到位；4．耗材到位。

前期准备	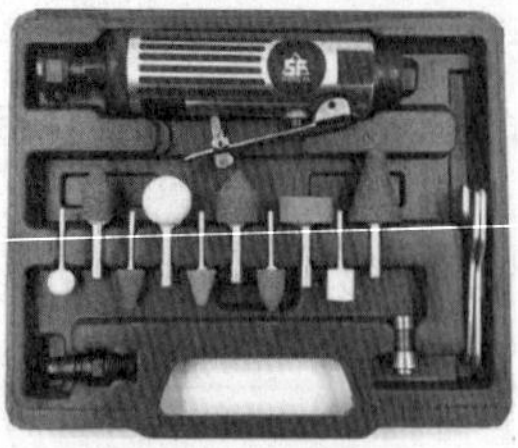 □图 7-11　打磨机  □图 7-12　扒胎机  □图 7-13　动平衡机  □图 7-14　世达工具 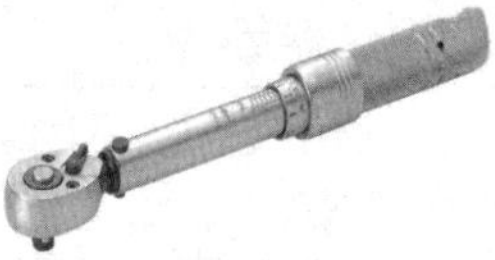 □图 7-15　扭力扳手  □图 7-16　轮胎润滑剂 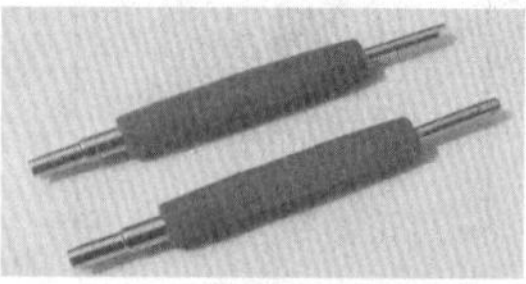 □图 7-17　气门芯拆装工具  □图 7-18　补胎胶片和补胎胶水  □图 7-19　平衡块
安全检查	□检查车辆驻车制动器是否拉起及变速杆是否处于空挡。 □检查实训台架及周围安全。 □举升车辆时，进行举升机的安全检查。 □检查举升机与车辆支点位置。 □举升车辆时，检查举升机升降过程。（注②）
防护工作	防护工作的操作步骤如图7-20～图7-22所示。  □图 7-20　人身防护  □图 7-21　车身防护  □图 7-22　车内防护

注②：举升过程中若有异常或异响，应立即停止当前作业并及时和教师联系，不得擅自处理。

操作流程

步骤一 轮胎的拆卸

□ 1．用套筒扳手松开车轮固定螺栓，举升车辆。拆下车轮固定螺栓并取下车轮，如图7-23所示。用气门芯拆装工具给轮胎放气，如图7-24所示。（注③）

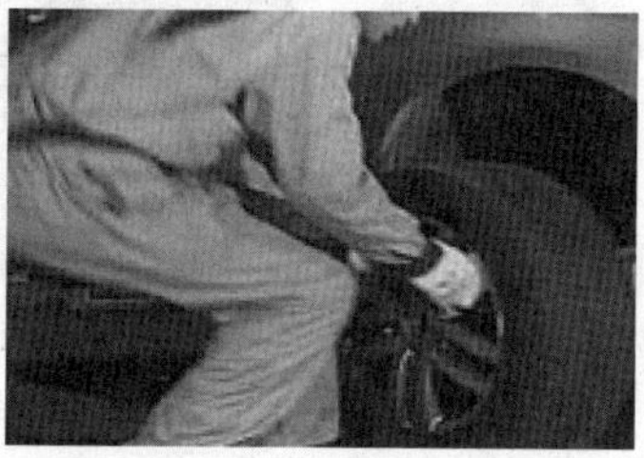

□图 7-23 拆下车轮

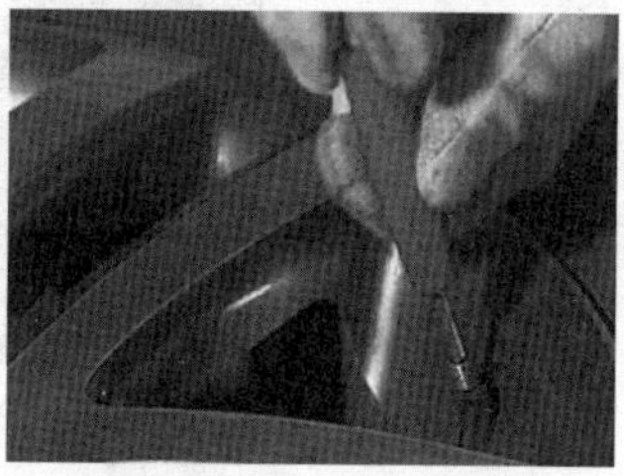

□图 7-24 轮胎放气

□ 2．调整轮胎与胎口分离器的位置，踩下扒胎机胎口分离器开关，使轮胎与轮辋分离，如图7-25所示。

□ 3．将轮胎放在扒胎机的卡盘上并踩下卡盘移动踏板，使轮胎固定，如图7-26所示。调整扒胎机拆装头与轮辋的距离（上下、左右距离均为1cm左右），如图7-27所示。

□图 7-25 分离轮胎与轮辋

□图 7-26 固定轮胎

□图 7-27 调整扒胎机拆装头

□ 4．使用撬棍将轮胎上胎口撬至拆装头上（错开气门嘴位置），踩下扒胎机卡盘旋转踏板，旋转卡盘，使轮胎与轮辋分离并取下上胎口，如图7-28和图7-29所示。

带胎压传感器的轮胎该如何分离轮胎与轮辋？

____

□图 7-28 撬轮胎上胎口

□图 7-29 转动扒胎机卡盘

注③：1. 拆卸固定螺栓时，需按对角顺序拧松但不可拧出，待举升车辆至轮胎完全离地后拧出；2. 气门芯拆卸时必须用手心遮盖，防止气门芯被轮胎内气压冲走。

操作流程

□ 5．使用撬棍将轮胎下胎口撬至拆装头上，如图7-30所示。踩下扒胎机卡盘旋转踏板，旋转卡盘，使轮胎与轮辋分离并取下轮胎，如图7-31所示。

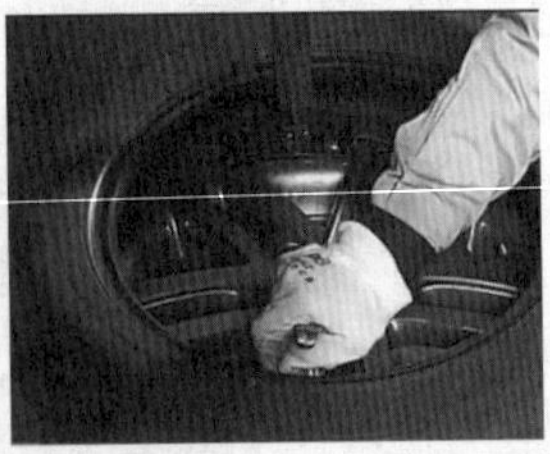

□图 7-30　撬轮胎下胎口

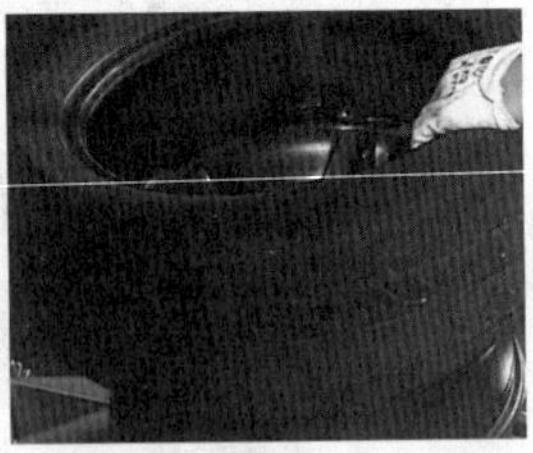

□图 7-31　取下轮胎

步骤二　轮胎的修补

□ 1．查找漏气部位，将漏气部位的钉子取出，如图7-32所示。使用打磨器打磨轮胎漏气部位内侧，如图7-33所示。

轮胎侧面被扎或者破损是否能修补？为什么？

____

____

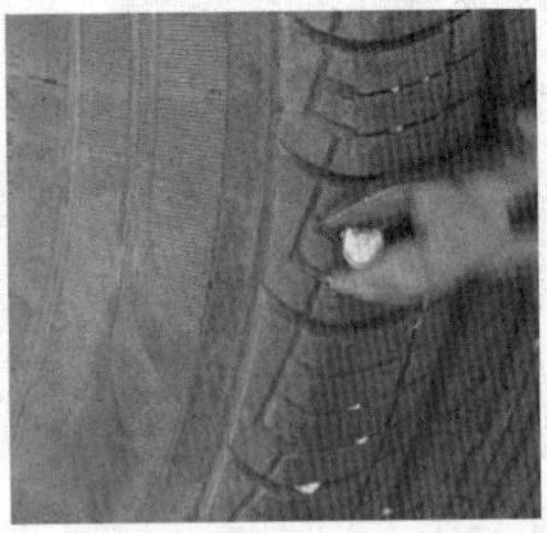

□图 7-32　取出钉子

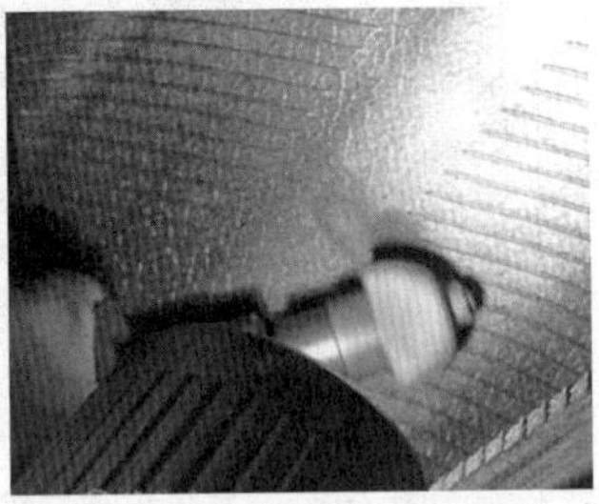

□图 7-33　打磨轮胎

□ 2．使用清洗剂清洗、打磨漏气部位并涂抹补胎胶水，如图7-34和图7-35所示。

□图 7-34　清洗、打磨漏气部位

□图 7-35　涂抹补胎胶水

□ 3．待补胎胶水不黏手时粘贴胶片，如图7-36所示。用滚轮器将胶片与轮胎漏气部位压实，如图7-37所示。

步骤三　轮胎的安装

□ 1．在轮胎内侧涂抹润滑剂，如图7-38所示。倾斜轮胎，将下胎口放至轮辋上，如图7-39所示。

操作流程

□图 7-36　粘贴胶片

□图 7-37　压实漏气部位

□图 7-38　涂抹润滑剂

□图 7-39　倾斜安装下胎口

□ 2．将下胎口安至拆装头上（见图7-40），踩下扒胎机卡盘旋转踏板，旋转卡盘（见图7-41），安装下胎口。

□图 7-40　将下胎口装在拆装头上

□图 7-41　旋转卡盘

□ 3．将上胎口安至拆装头上（见图7-42），压住轮胎并踩下扒胎机卡盘旋转踏板，旋转卡盘（见图7-43），安装上胎口。

□图 7-42　将上胎口装至拆装头上

□图 7-43　压住轮胎并旋转卡盘

□ 4．轮胎装好后分离拆装头（见图7-44），踩下卡盘移动踏板，取下轮胎并用胎压表充气至合适胎压（见图7-45）。

操作流程

一般常见轿车轮胎正常胎压是多少？

____

____

□图 7–44　分离拆装头

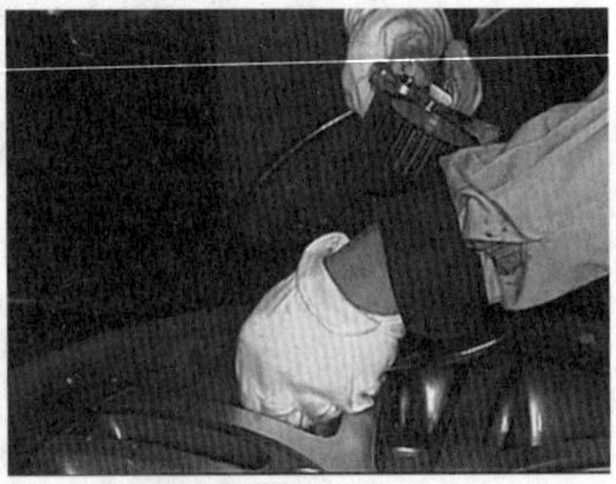

□图 7–45　轮胎充气

步骤四　车轮动平衡

□ 1．清除轮胎杂物、旧平衡块，检查胎压是否符合规定，如图7-46和图7-47所示。（注④）

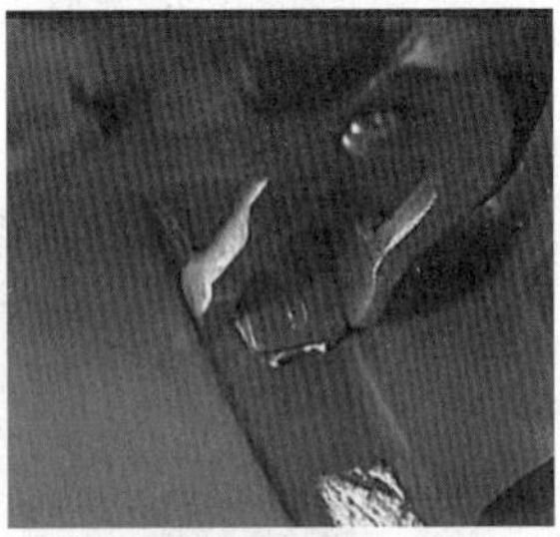

□图 7–46　清除杂物、旧平衡块

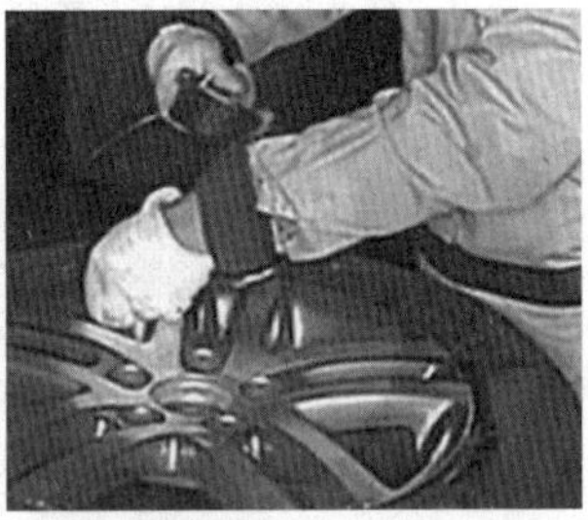

□图 7–47　检查胎压

□ 2．将轮胎装在动平衡机轴上，如图7-48所示。用合适的锥形铁、快速锁紧螺母锁紧轮胎，如图7-49所示。

□图 7–48　将轮胎装在动平衡机轴上

□图 7–49　锁紧轮胎

□ 3．打开电源，拉出测量尺测量动平衡机至轮辋的距离，如图7-50所示。输入动平衡机至轮辋距离的数值，如图7-51所示。（注⑤）

注④：必须清洁轮胎外围。

注⑤：测量前，必须输入3个参数，即平衡机至轮辋的距离、轮辋宽度、轮辋直径。

操作流程

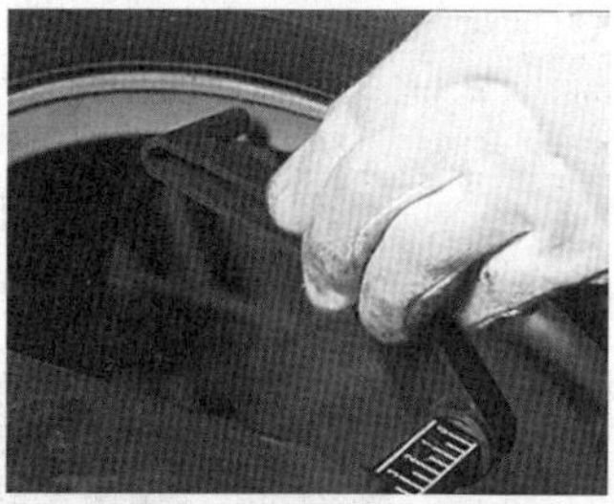

□图 7-50 拉出测量尺

□图 7-51 输入距离数值

□ 4．用卡尺测量轮辋宽度，如图7-52所示。将轮辋宽度值输入动平衡机内，如图7-53所示。

□图 7-52 测量轮辋宽度

□图 7-53 输入轮辋宽度值

□ 5．查找轮胎上轮辋直径的数值，并将数值输入动平衡机内，如图7-54和图7-55所示。

□图 7-54 查找轮辋直径

□图 7-55 输入轮辋直径值

□ 6．起动动平衡机（注⑥），待动平衡机停转后查看检测数值，左侧为轮辋左侧不平衡数值，右侧为轮辋右侧不平衡数值，如图7-56和图7-57所示。

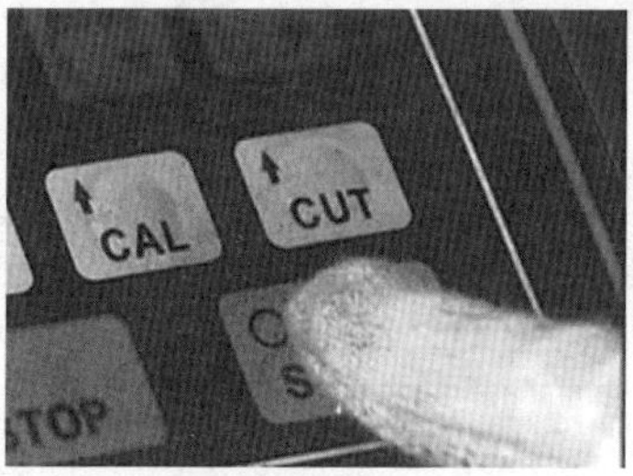

□图 7-56 按下起动键

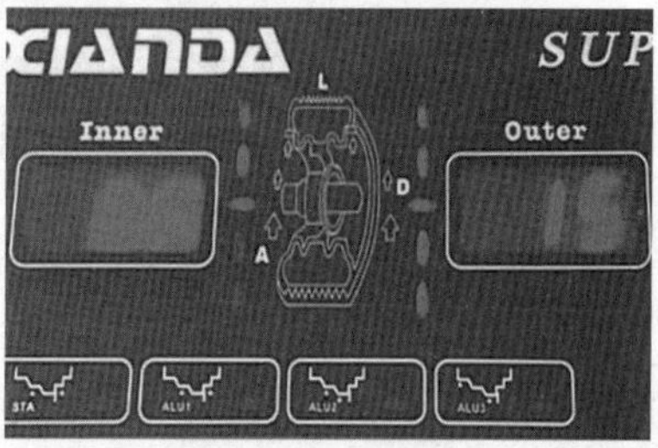

□图 7-57 不平衡数值（左侧为 0，右侧为 15）

注⑥：起动平衡机时，注意安全，机前不能站人。

<table>
<tr><td>操作流程</td><td>□ 7．用手转动车轮同时查看动平衡机上的信号灯，如图7-58所示。例如，右侧信号灯全亮时在轮辋右侧12点位置加相对应数值的平衡块。再次起动动平衡机，待停转后查看左右两侧不平衡数值，若数值为“00”（注⑦）代表轮胎已平衡，如图7-59所示。关闭电源，取下轮胎。
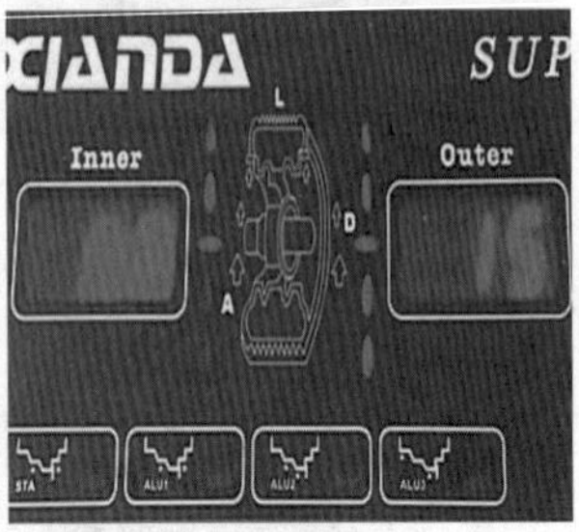
□图 7–58　查看信号灯
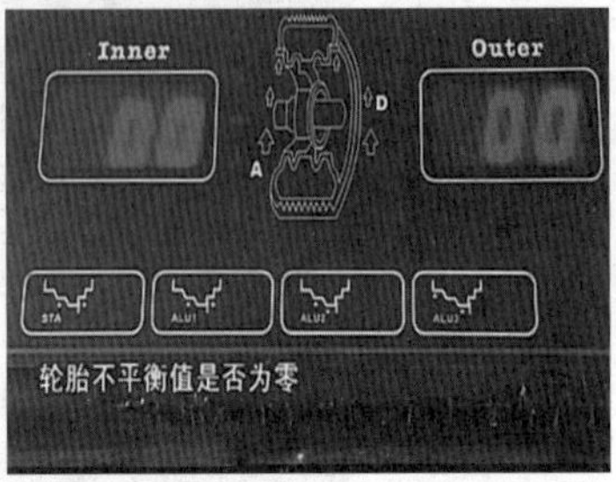
□图 7–59　已平衡
□ 8．安装车轮并用扭力扳手将轮胎螺栓按规定力矩拧紧（速腾轿车的轮胎螺栓紧固力矩为120N·m），如图7-60和图7-61所示。

□图 7–60　安装轮胎

□图 7–61　紧固轮胎螺栓</td></tr>
<tr><td>设备使用</td><td>□ 工具/量具选用是否正确　□ 工具/量具使用是否正确　□ 防护是否到位</td></tr>
<tr><td colspan="2">检查与评估</td></tr>
<tr><td>注意事项</td><td>1．使用扒胎机时一定要错开气门嘴。
2．轮胎修补后需要做车轮动平衡。
3．对车轮进行动平衡操作时，禁止用手触摸旋转的轮胎。
4．轮胎胎压不能过高或过低。</td></tr>
<tr><td>6S管理规范（教师点评）</td><td>□整理　□整顿　□清扫　□清洁　□素养　□安全</td></tr>
<tr><td>成绩评定（学生总结）</td><td>小组对本人的评定：□优　□良　□及格　□不及格
学生本次任务成绩：□优　□良　□及格　□不及格</td></tr>
</table>

注⑦：不平衡值小于5g，也可以认为正常。

任务拓展
汽车车轮轮辋出现损伤（见图7-62）是否能修理？如何修理？ ______ ______ ______ ______ ______  图 7–62　轮辋损伤

专业考核评分表——轮胎专项实训

<table>
<tr><td colspan="2">班级：</td><td>组别：</td><td>组长：</td><td colspan="3">日期：</td></tr>
<tr><td colspan="7">技术标准：1. 轮胎的拆装流程；2. 轮胎的拆装要求</td></tr>
<tr><td>序号</td><td>作业项目</td><td>考核内容</td><td>考核标准</td><td>分值</td><td>扣分</td><td>得分</td></tr>
<tr><td rowspan="2">1</td><td rowspan="2">准备环节</td><td>正确选用工具/量具</td><td>选错1次扣1分</td><td>5</td><td></td><td></td></tr>
<tr><td>正确使用工具/量具</td><td>用错1次扣1分</td><td>5</td><td></td><td></td></tr>
<tr><td rowspan="6">2</td><td rowspan="6">拆卸环节</td><td>车轮的拆卸</td><td rowspan="6">按照标准流程规范拆卸与剥离外胎，
错1次扣2分</td><td rowspan="2">20</td><td></td><td></td></tr>
<tr><td>轮胎放气</td><td></td><td></td></tr>
<tr><td>扒胎机的安全检查与操作</td><td rowspan="3">20</td><td></td><td></td></tr>
<tr><td>轮胎与轮辋的分离</td><td></td><td></td></tr>
<tr><td>轮胎的拆卸</td><td></td><td></td></tr>
<tr><td>轮胎的修补</td><td>10</td><td></td><td></td></tr>
<tr><td rowspan="3">3</td><td rowspan="3">检查及安装环节</td><td>轮胎安装及气压的检查</td><td rowspan="3">按照拆卸倒序安装，
错1次扣2分</td><td rowspan="2">20</td><td></td><td></td></tr>
<tr><td>车轮动平衡</td><td></td><td></td></tr>
<tr><td>车轮安装</td><td>10</td><td></td><td></td></tr>
<tr><td>4</td><td colspan="2">项目实训时间</td><td>≤20min 10分
20～26min 5分
≥26min 0分</td><td>10</td><td></td><td></td></tr>
<tr><td colspan="3">质检员：</td><td>评分员：</td><td colspan="2">合计得分</td><td></td></tr>
<tr><td colspan="7">教师点评：

团队合作：优秀□ 良好□ 及格□ 不及格□　　分工明确：优秀□ 良好□ 及格□ 不及格□
专业标准：优秀□ 良好□ 及格□ 不及格□　　操作规范：优秀□ 良好□ 及格□ 不及格□</td></tr>
<tr><td colspan="7">教师签字：　　　　　　　　年　　月　　日</td></tr>
</table>

注：实训未按规范操作，导致设备损坏或人身伤害，本次考核记0分。

实训项目八　汽车四轮定位

任务一　汽车四轮定位认知

课时：__________

班级：	组别：	姓名：	掌握程度：□优　□良　□及格　□不及格

一、工作任务

1．了解汽车四轮定位的参数及四轮定位的作用。

2．掌握四轮定位的操作方法。

二、原理与应用

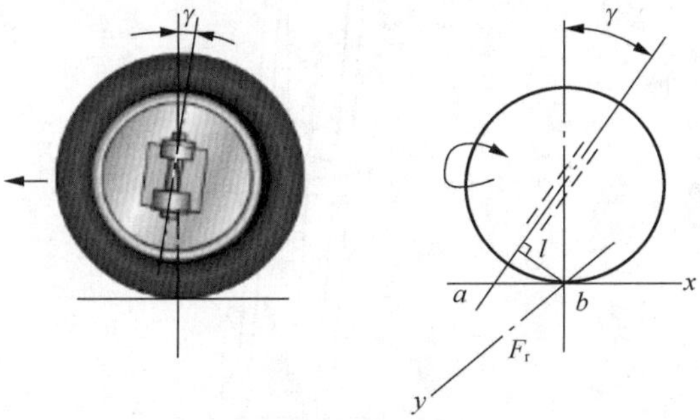

图 8–1　主销后倾

1．定义

四轮定位的定义是____。

2．内容

四轮定位的主要内容：____。

3．主销后倾

如图8-1所示，简述主销后倾的定义及其作用。

（1）定义：____。

（2）作用：____。

4．前轮前束

如图8-2所示，简述前轮前束的定义及其作用。

（1）定义：____。

（2）作用：____。

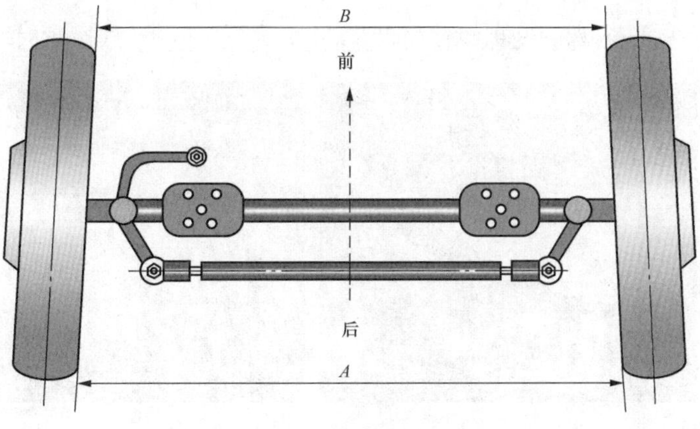

图 8–2　前轮前束

5．主销内倾

如图8-3所示，简述主销内倾的定义及其作用。

（1）定义：____。

（2）作用：____。

6．车轮外倾

如图8-4所示，简述车轮外倾的定义及其作用。

（1）定义：____。

（2）作用：____。

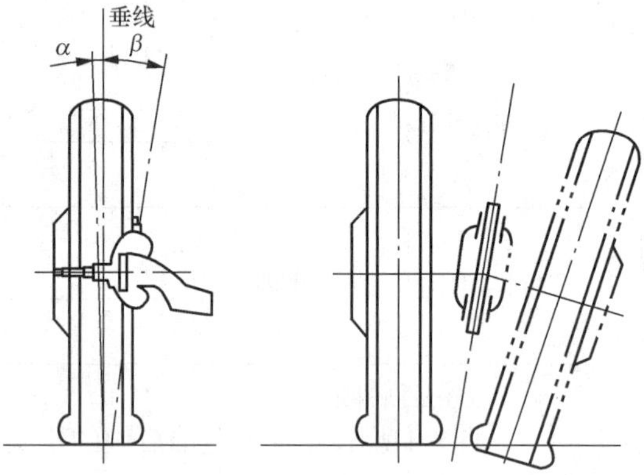

图 8–3　主销内倾

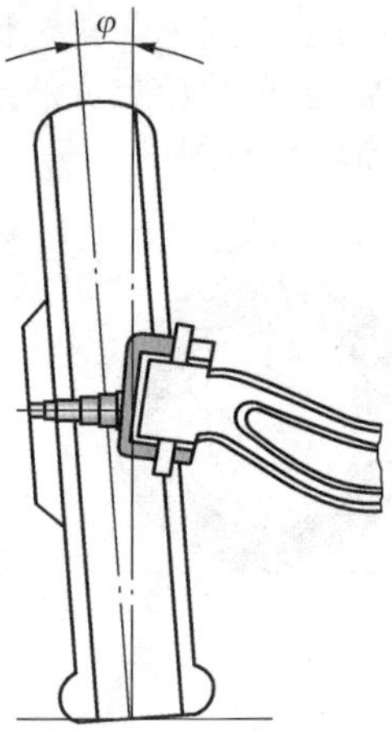

图 8–4　车轮外倾

7．需要做四轮定位的情况

（1）更换______________等与调整四轮定位参数有关的底盘件时，如图8-5（a）所示。

（2）前、后轮轮胎呈现__________________时，如图8-5（b）所示。

（3）直线行进中车辆______________________时，如图8-5（c）所示。

（4）驾驶过程中转向盘__________________或过重时。

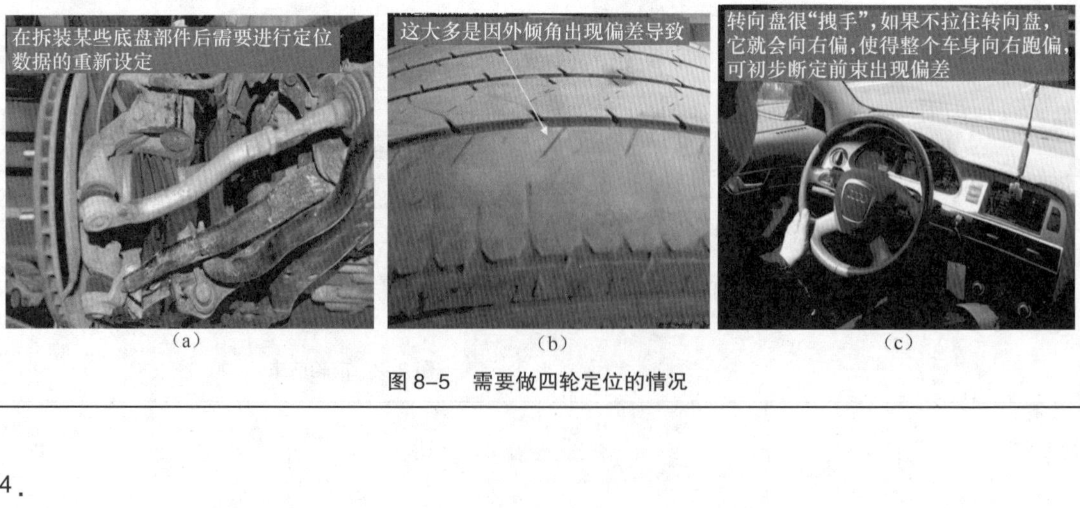

（a）　（b）　（c）

图 8–5　需要做四轮定位的情况

案例分享

【故障现象】

一辆捷达出租车在行驶过程中出现严重向右跑偏，右前轮外侧磨损严重。

【故障诊断】

1. 首先检查轮胎气压及底盘螺栓的紧固情况，均无异常；检查车身左右两侧高度，正常；检查同轴两侧轮胎的花纹等，均无异常。

2. 于是进行四轮定位检查，检查发现左前轮外倾角较大（30'），而该车标准的外倾角是（－24'±20'），右侧轴距比左侧轴距小 5mm，进一步检查发现下摆臂变形。

【故障排除】

更换下摆臂并调整外倾角，试车，故障排除。

【故障原因】

在实际的驾驶中，过减速带不减速、底盘磕蹭或者上路肩时的冲击力过大等导致下摆臂变形，下摆臂变形引起轴偏角和轴差，四轮定位数据失准，从而导致车辆在行驶中跑偏。

【案例总结】

出现以下情况时，应考虑做四轮定位。

1. 当驾驶员感到转向盘转向沉重、发抖、跑偏、不正、不自动复位时；

2. 发现轮胎出现单边磨损、波状磨损、块状磨损、偏磨等不正常磨损以及驾驶时有车感飘浮、颠颤、摇摆等不正常的驾驶感觉时；

3. 行驶中出现转向盘不正或行车方向的跑偏现象时。

思考题

1. 汽车更换过悬架后需要做四轮定位吗？为什么？

2. 重型车辆用做四轮定位吗？为什么？

任务二　汽车四轮定位实训

课时：________

<table>
<tr><td>班级：</td><td>组别：</td><td>姓名：</td><td>掌握程度：□优　□良　□及格　□不及格</td></tr>
<tr><td>实训目的</td><td colspan="3">1．了解四轮定位的参数；2．掌握四轮定位操作方法。</td></tr>
<tr><td>安全注意事项</td><td colspan="3">注意个人及设备安全，规范操作，严格执行6S管理。</td></tr>
<tr><td>实训器材</td><td colspan="3">整车、世达工具、扭力扳手、四轮定位仪、整车防护七件套、胎压表、掩木、扭力扳手、转向盘支架、四柱举升机等。</td></tr>
<tr><td>教学组织</td><td colspan="3">每辆车按6位学员（组长1人、主修1人、辅修1人、观察员1人、评分1人、质检1人）作业，循环操作。</td></tr>
<tr><td>操作步骤演式</td><td colspan="3">
微课
四轮定位（上）

微课
四轮定位（下）</td></tr>
<tr><td>任务</td><td colspan="3">作业记录内容　☑正确　☒错误</td></tr>
<tr><td>前期准备</td><td colspan="3">□ 1．护具——整车防护七件套（车外三件套、车内四件套），如图8-6和图8-7所示。（注①）
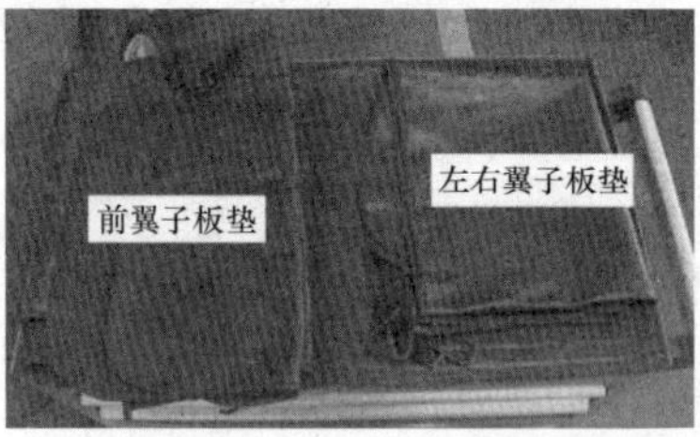

□图 8-6　车外三件套
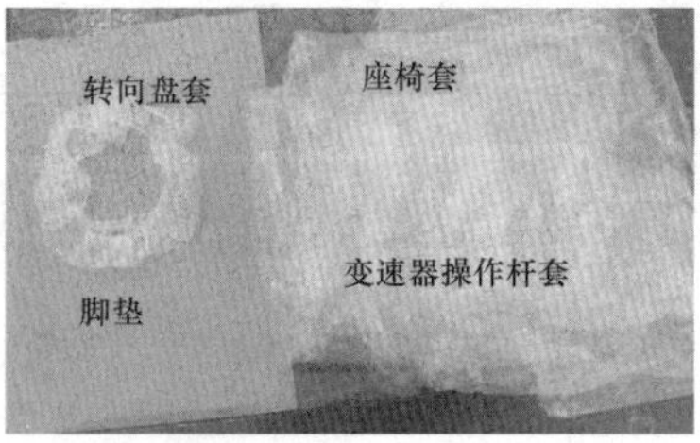

□图 8-7　车内四件套
□ 2．工具及耗材——整车、世达工具（见图8-8）、四轮定位仪（见图8-9）、四柱举升机（见图8-10）、掩木（见图8-11）、胎压表、扭力扳手、转向盘支架等。</td></tr>
</table>

注①：准备工作一定要注意四到位。1．防护到位；2．工具到位；3．设备到位；4．耗材到位。

前期准备	 □图 8-8 世达工具 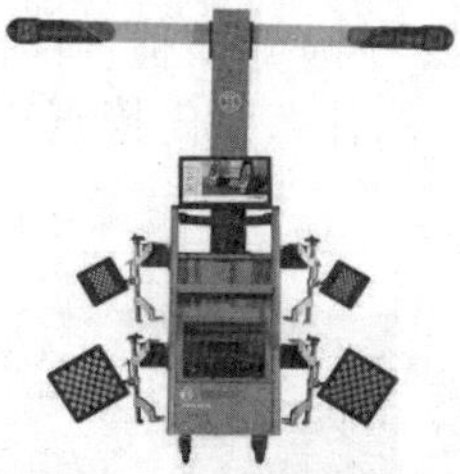 □图 8-9 四轮定位仪  □图 8-10 四柱举升机  □图 8-11 掩木
安全检查	□检查车辆驻车制动器是否拉起及变速杆是否处于空挡。 □检查实训台架及周围安全。 □举升车辆时，进行举升机的安全检查。 □检查举升机与车辆支点位置。 □举升车辆时，检查举升机升降过程。（注②）
防护工作	防护工作的操作步骤如图8-12～图8-14所示。  □图 8-12 人身防护  □图 8-13 车身防护  □图 8-14 车内防护
操作流程	□ 1．检查四柱举升机，将车辆开至举升机上，如图8-15所示。车辆轮胎要压到移动圆盘上，同时用掩木固定车位，防止溜车。  □图 8-15 车辆开至举升机上

注②：举升过程中若有异常或异响，应立即停止当前作业并及时和教师联系，不得擅自处理。

操作流程

□ 2．用胎压表检查轮胎气压是否正常，检查车轮动平衡，如图8-16和图8-17所示。为什么要先检查轮胎气压、车轮动平衡？

____

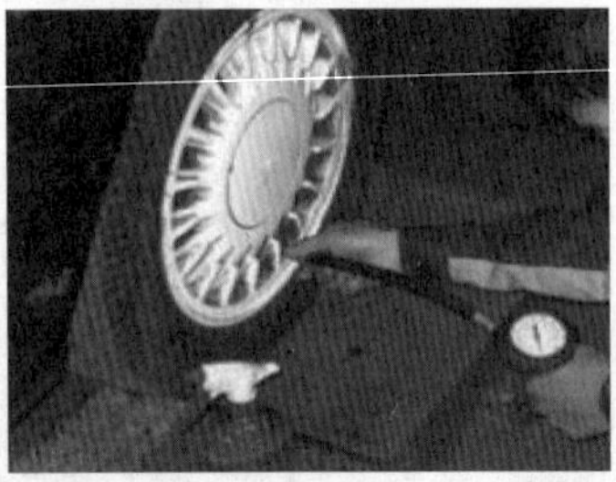

□图 8–16　检查轮胎气压

□图 8–17　检查车轮动平衡

□ 3．检查悬架各橡胶套有无松旷、老化现象，必要时更换，如图8-18所示。用转向盘支架锁止转向盘，如图8-19所示。

□图 8–18　悬架检查

□图 8–19　锁止转向盘

□ 4．安装四轮定位仪传感器并将其调整到水平位置，如图8-20所示。打开四轮定位仪，选择车型并按四轮定位仪显示屏的提示操作，如图8-21所示。

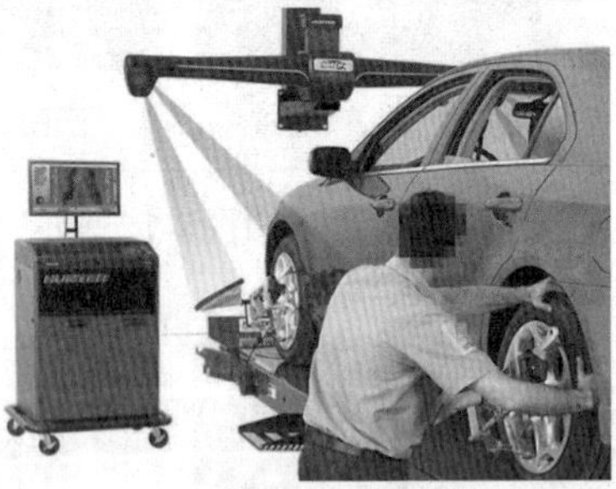

□图 8–20　安装传感器

□图 8–21　根据提示操作

□ 5．查看显示器显示的数据并调整前轮的前束角、外倾角、主销后倾角、主销内倾角，如图8-22所示。（注③）

注③：部分车型主销后倾角、主销内倾角为原厂设定，后期不可调整。维修人员进行四轮定位时有可能不调整这两项数据。

操作流程

□ 6．前轮前束数据可以通过左右两侧转向横拉杆来调整，以解决转向盘不正的问题，如图8-23所示。

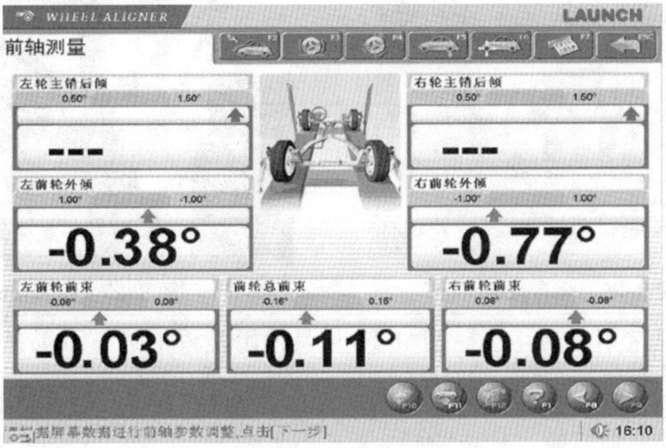

□图 8-22　数据显示

□图 8-23　数值调整

□ 7．前轮外倾角可以通过偏心螺栓来调整，如图8-24所示。（维修人员一般不使用偏心螺栓校正定位数据，如果定位数据偏差过大，通常通过更换悬架部件来解决）。

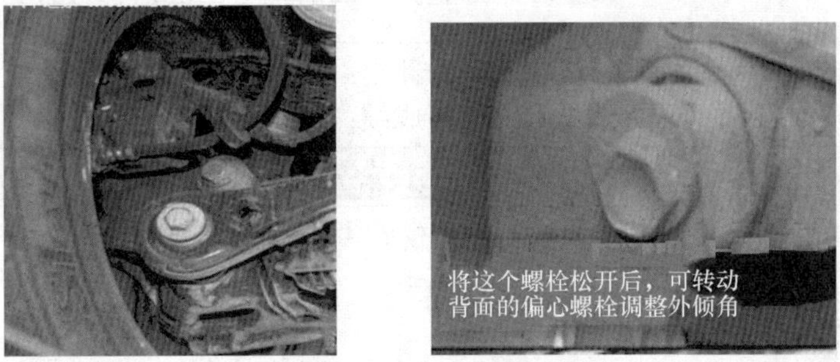

□图 8-24　前轮外倾角调整

□ 8．调整至各个数据显示正常为止，保存数据并打印，如图8-25和图8-26所示。四轮定位仪都有显示屏，显示屏左右两侧分别显示了左右两侧车辆定位的数据，通常绿区范围表示符合标准，红区表示超标需要调整。（注④）

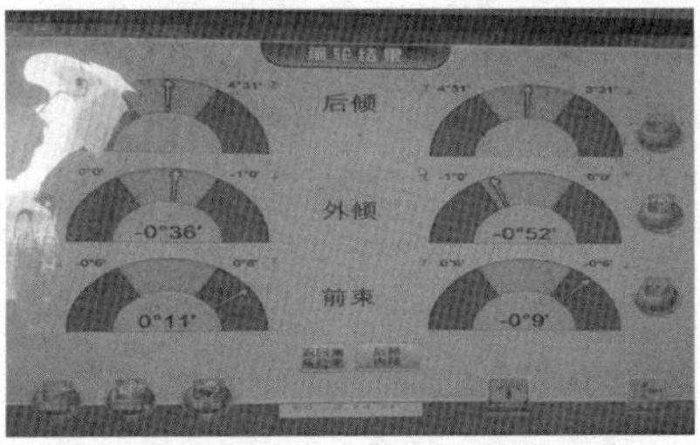

□图 8-25　调整数据

彩图

图 8-25

注④：不但要关注四轮定位数据是否在绿区内，还要关注左右显示的数据是否一致。如果左右两侧数据不一致，即便定位数据在绿区范围内，实际驾驶车辆时也可能存在行驶性能方面的问题。

<table>
<tr><td>操作流程</td><td>□ 9．拆卸传感器，如图8-27所示。将车辆复位。
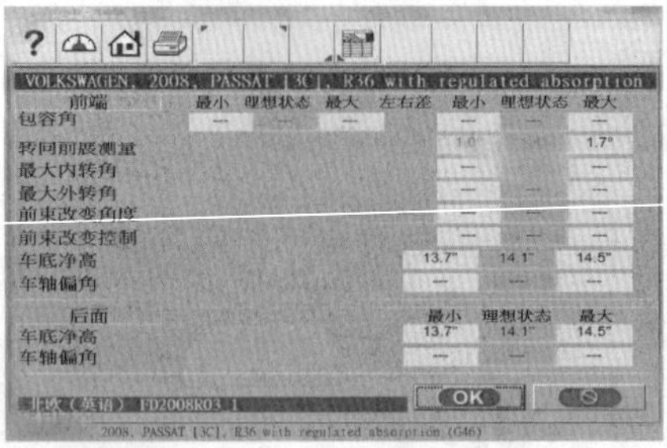

□图 8-26　保存数据

□图 8-27　拆卸传感器</td></tr>
<tr><td>设备使用</td><td>□ 工具/量具选用是否正确　□ 工具/量具使用是否正确　□ 防护是否到位</td></tr>
<tr><td colspan="2">检查与评估</td></tr>
<tr><td>注意事项</td><td>1．四轮定位时先定后轮，后定前轮。
2．先调整车轮外倾角再调整前轮前束角。
3．四轮定位前必须检查轮胎气压、动平衡、悬架橡胶套。</td></tr>
<tr><td>6S管理规范
（教师点评）</td><td>□整理　□整顿　□清扫　□清洁　□素养　□安全</td></tr>
<tr><td>成绩评定
（学生总结）</td><td>小组对本人的评定：□优　□良　□及格　□不及格
学生本次任务成绩：□优　□良　□及格　□不及格</td></tr>
<tr><td colspan="2">任务拓展</td></tr>
<tr><td colspan="2">目前市面上有哪些品牌的四轮定位仪？生产地在哪里？4S店一般使用什么品牌的四轮定位仪？
____
____
____
________________</td></tr>
</table>

专业考核评分表——汽车四轮定位实训

班级： **组别：** **组长：** **日期：**

技术标准： 1. 汽车四轮定位操作规范流程；2. 汽车四轮定位调整方法及注意事项

序号	作业项目	考核内容	考核标准	分值	扣分	得分
1	准备环节	正确选用工具/量具	选错1次扣1分	5		
2		正确使用工具/量具	用错1次扣1分	5		
3	四轮定位	汽车进入检测台，检查车体、轮胎、悬架	少1项扣3分	10		
4		固定轮胎、转向盘	没有按要求操作，1处扣5分	10		
5		轮胎检查、清洁	未检查轮胎气压扣5分；未清洁轮胎扣5分	10		
6		安装并调整四轮定位仪	选择车型准确、填写内容规范，少1项扣2分	5		
7		根据四轮定位仪的提示进行操作	未按提示去做，错1项扣3分	15		
8		根据四轮定位仪的提示判断故障	根据检查显示红色数据，准确分析故障点，否则扣10分	10		
9		使用工具调整或修正故障	调整确定的故障点，修复故障，若不能修复，需说出原因，否则扣10分	10		
10	检查验收	二次检查	再次检查，显示的数据应变成绿色或蓝色，不能调的需说出解决的方法，否则扣10分	10		
11	项目实训时间		$\leqslant$15min 10分 15～17min 7分 $\geqslant$17min 0分	10		
质检员：		**评分员：**		**合计得分**		

教师点评：

团队合作： 优秀□ 良好□ 及格□ 不及格□ **分工明确：** 优秀□ 良好□ 及格□ 不及格□

专业标准： 优秀□ 良好□ 及格□ 不及格□ **操作规范：** 优秀□ 良好□ 及格□ 不及格□

教师签字： 年 月 日

注：实训未按规范操作，导致设备损坏或人身伤害，本次考核记0分。

实训项目九　减振器

任务一　减振器认知

课时：________

班级：	组别：	姓名：	掌握程度：□优　□良　□及格　□不及格

一、工作任务

1．了解减振器的基本构造与原理。

2．掌握减振器拆装方法。

二、原理与应用

1．安装位置

减振器安装在________________________________，如图9-1所示（以实际实训车型为准）。

2．作用

减振器的作用是________________________________。

3．工作原理

如图9-2所示，简述减振器的工作原理。

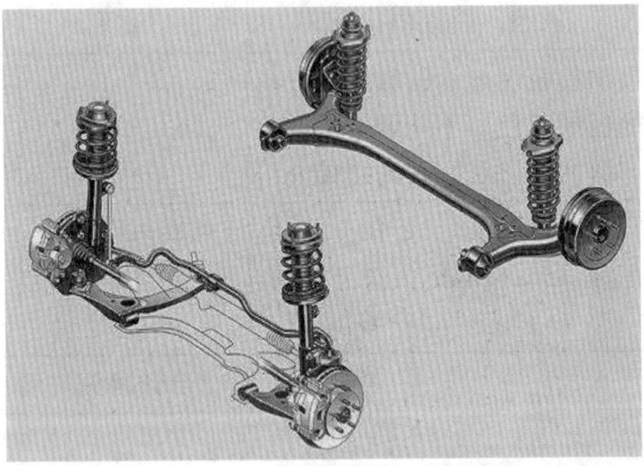

图 9-1　减振器

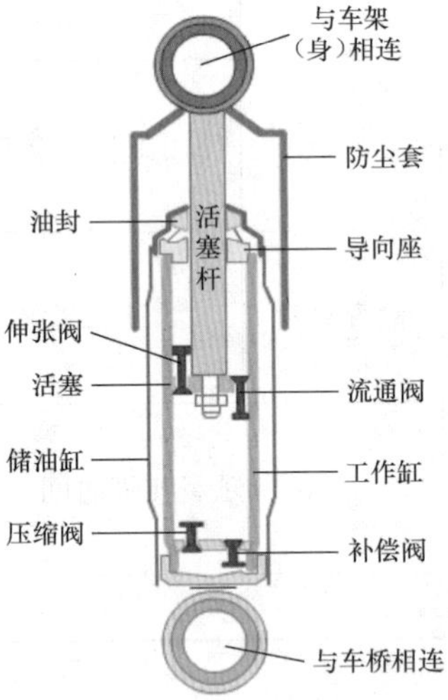

图 9-2　减振器的工作原理

（1）哪两个阀孔大，哪两个阀孔小？

____

（2）当车架与车桥压缩时，哪两个阀打开？

____

（3）当车架与车桥伸长时，哪两个阀打开？

____

（4）减振器在压缩时阻力________，伸长时阻力________，将振动的能量变成热能。

（5）与减振器配合工作的减振弹簧的作用是什么？

____。

4．前悬架及车辆前部倾斜度检查

根据减振器的工作原理，对前悬架进行检查。

（1）前悬架阻尼状况检查。上下按动车辆前部的左右位置_______次，然后按压前部中间位置__________________次，检查减振器______________及车身停止振动所需________________________，以确定前悬架的阻尼程度，如图9-3所示。（注①）

（2）车辆前部倾斜度检查。目测车辆前部两侧__________________是否一致，如图9-4所示。（注②）

图 9–3　前悬架阻尼状况检查

图 9–4　车辆前部倾斜度检查

5．减振弹簧认知

在图9-5中画出减振弹簧的位置，并写出减振弹簧的类型和特点。

（a）　（b）　（c）

图 9–5　减振弹簧

图9-5（a）所示为__________弹簧，这种弹簧的特点是____，主要用于______________________________车型。

图9-5（b）所示为__________弹簧，这种弹簧的特点是______________________

注①：前悬架阻尼程度由前减振器阻尼性能和前悬架弹簧弹力大小决定。

注②：车辆两侧倾斜度是由左右两侧弹簧弹力、两侧轮胎气压或轮胎尺寸偏差、两侧不均匀载荷分布决定的。

______________________，主要用于______________________车型。

图9-5（c）所示为__________弹簧，这种弹簧的特点是______________________

______________________，主要用于______________________车型。

案例分享

【故障现象】

一辆马自达轿车，行驶在不平路面时左前部发生异响，车主反映说："上次维修时更换过减振器防尘套，维修前没有异响而维修后就有异响，行驶在不平路面时异响发生率较大。"

【故障诊断】

1. 试车，发现车辆行驶在不平路面时异响明显，由于上次更换过减振器防尘套，猜想可能是减振器在安装过程中出现了问题。

2. 两人在车尾上下晃动车辆，一个人在左前轮胎旁听，确实有响声发出，而且类似金属敲击声，由声音位置判断是减振器所发出的。

3. 为了更准确地进行诊断，继续听另一边减振器是否有异响，发现一点声音都没有，那么可以判断为左减振器异响。

4. 怀疑是减振器上面的3颗固定螺栓松动，导致弹簧在压缩与松开两个状态之间变换时由于螺母间隙产生了异响，于是检查螺栓是否松动，检查发现螺栓没有松动。

5. 拆解减振器，怀疑减振器某处安装不到位，结果发现减振器下弹簧座处有个限位槽，且刚好弹簧未顶到此位置，然后查看另一边的情况，发现另一边安装到位，所以断定故障原因是弹簧未安装到位。

【故障排除】

将减振器弹簧安装到位，重新装复，试车，异响排除。

【故障原因】

弹簧在压缩时产生变形，而刚好弹簧未顶到限位处，所以在变形的同时，弹簧也在移动，而在移动过程中产生了响声。机械系统大部分是刚性连接，任何一个小部件安装不到位或者螺栓未拧紧都会导致严重的人为故障。

【案例总结】

减振器异响的常见原因有：减振器本身漏油或弯曲；减振压力轴承老化或磨损；减振弹簧变形或安装不到位。

思考题

减振器漏油是否可以进行维修？为什么？

任务二 减振器分解与组装

课时：________

<table>
<tr><td colspan="2">班级：</td><td>组别：</td><td>姓名：</td><td>掌握程度：□优 □良 □及格 □不及格</td></tr>
<tr><td>实训目的</td><td colspan="4">1．了解减振器的类型与基本构造；2．掌握减振器分解与组装的方法。</td></tr>
<tr><td>安全注意事项</td><td colspan="4">注意个人及设备安全，规范操作，严格执行6S管理。</td></tr>
<tr><td>实训器材</td><td colspan="4">整车、世达工具、减振弹簧拆装器、棉纱手套、零件台架、整车防护七件套等。</td></tr>
<tr><td>教学组织</td><td colspan="4">每辆车按6位学员（组长1人、主修1人、辅修1人、观察员1人、评分1人、质检1人）作业，循环操作。</td></tr>
<tr><td>操作步骤演示</td><td colspan="4">
微课
减振器分解与组装</td></tr>
<tr><td>任务</td><td colspan="4">作业记录内容 ☑正确 ☒错误</td></tr>
<tr><td>前期准备</td><td colspan="4">□ 1．护具——棉纱手套、零件台架、整车防护七件套（车外三件套、车内四件套），如图9-6～图9-9所示。（注③）
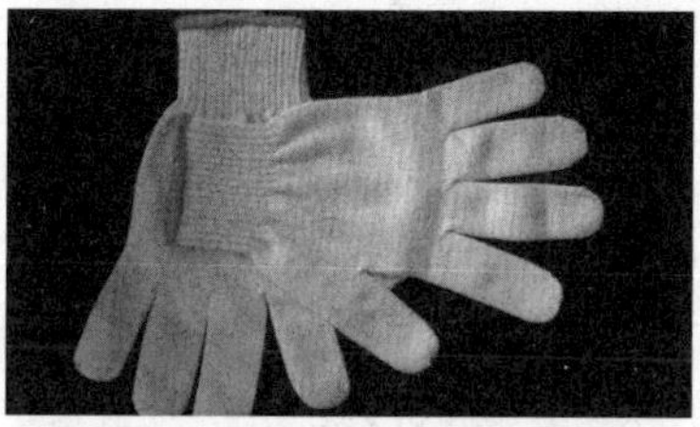
□图 9-6 棉纱手套
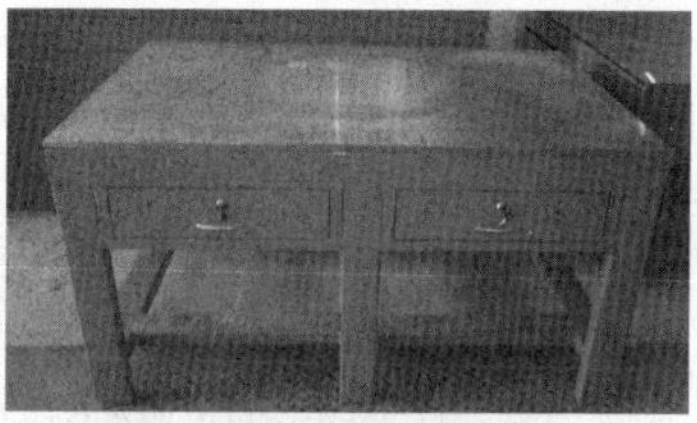
□图 9-7 零件台架
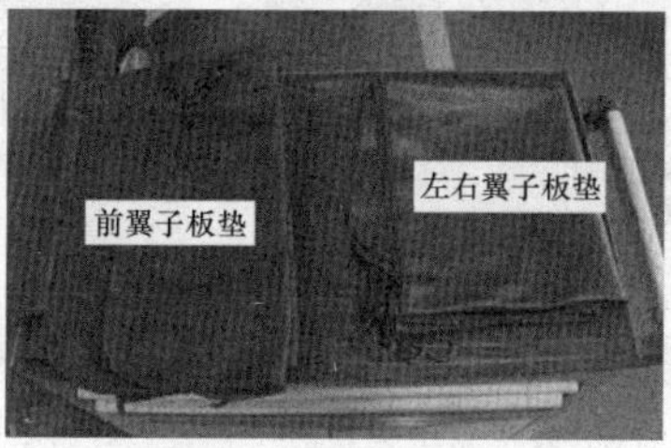

□图 9-8 车外三件套
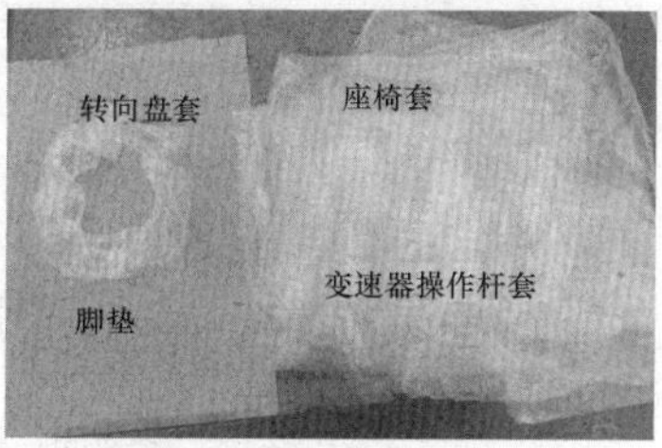

□图 9-9 车内四件套</td></tr>
</table>

注③：准备工作一定注意四到位。1. 防护到位；2. 工具到位；3. 设备到位；4. 耗材到位。

前期准备	□ 2．工具及耗材——整车、世达工具（见图9-10）、减振弹簧拆装器（见图9-11）等。  □图 9–10　世达工具 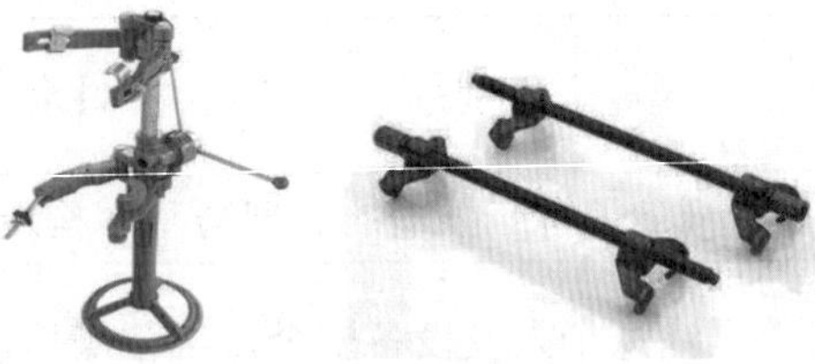 □图 9–11　减振弹簧拆装器
安全检查	□检查车辆驻车制动器是否拉起及变速杆是否处于空挡。 □检查实训台架及周围安全。 □举升车辆时，进行举升机的安全检查。 □检查举升机与车辆支点位置。 □举升车辆时，检查举升机升降过程。（注④）
防护工作	防护工作如图9-12所示。  □图 9–12　人身防护
操作流程	□ 1．拆卸前轮、制动软管支架和轮速传感器。 □ 2．拧下减振器上部固定螺母，拧下减振器下部固定螺栓，取下减振器总成，如图9-13和图9-14所示。 □ 3．将减振器固定在减振弹簧拆装器上，调整减振弹簧拆装器并压紧弹簧，使弹簧与压力轴承分离，如图9-15所示。（注⑤）  □图 9–13　拧下固定螺母  □图 9–14　取下减振器总成  □图 9–15　固定减振器总成

注④：举升过程中若有异常或异响，应立即停止当前作业并及时和教师联系，不得擅自处理。
注⑤：一定要将减振器固定好，尤其是要压紧弹簧，防止松脱产生危险。

<table>
<tr>
<td>操作流程</td>
<td>
□ 4．用快速扳手拆卸减振器上盖固定螺栓，取下减振器上盖及压力轴承，如图9-16和图9-17所示。

□图 9–16　拆卸上盖固定螺栓

□图 9–17　取下减振器上盖及压力轴承
□ 5．取下减振弹簧、减振器防尘套，如图9-18和图9-19所示。

□图 9–18　拆卸减振弹簧

□图 9–19　拆卸防尘套
□ 6．检查减振器橡胶部件是否损坏或老化；压缩或拉伸活塞杆，在操作期间，检查是否有阻力或有异常噪声，如图9-20所示。检查完毕后安装防尘套，如图9-21所示。

□图 9–20　检查活塞杆

□图 9–21　安装防尘套
□ 7．检查弹簧是否变形，必要时需更换，如图9-22所示。检查完毕后安装减振弹簧，如图9-23所示。
如何判断弹簧是否需要更换？
____
</td>
</tr>
</table>

<table>
<tr><td>操作流程</td><td>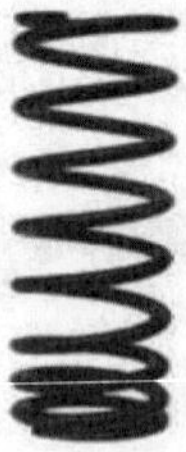
□图 9-22　减振弹簧的检查

□图 9-23　减振弹簧的安装
□ 8．检查压力轴承是否损坏，安装弹簧上座的胶垫，使凸出的部位插入座口内。安装弹簧上座和绝缘垫，安装压力轴承，如图9-24所示。

□图 9-24　压力轴承的安装
□ 9．拧紧减振器上盖螺栓。将减振器安装到车上，如图9-25所示。减振器上盖螺栓的拧紧力矩为________________________________。
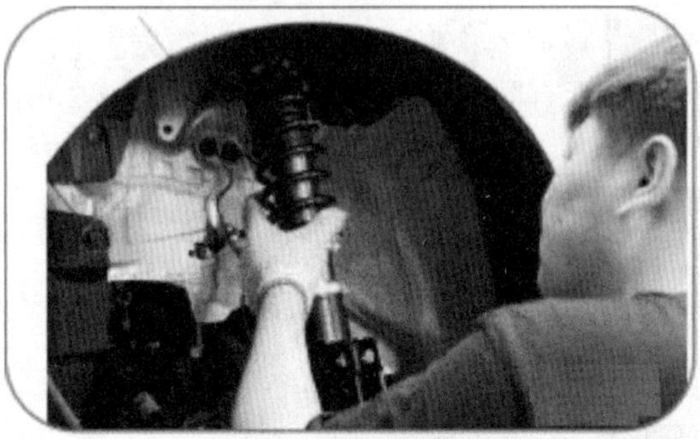
□图 9-25　安装减振器</td></tr>
<tr><td>设备使用</td><td>□ 工具选用是否正确　□ 工具使用是否正确　□ 防护是否到位</td></tr>
<tr><td colspan="2">检查与评估</td></tr>
<tr><td>注意事项</td><td>1．拆卸减振器时注意安装位置，必要时做四轮定位。
2．检查减振器时外拉阻力越大、压缩阻力越小，减振效果越好。
3．减振器更换时必须左右轮一起更换，避免造成汽车跑偏。</td></tr>
<tr><td>6S管理规范
（教师点评）</td><td>□整理　□整顿　□清扫　□清洁　□素养　□安全</td></tr>
</table>

成绩评定 （学生总结）	小组对本人的评定：□优 □良 □及格 □不及格 学生本次任务成绩：□优 □良 □及格 □不及格

任务拓展

如何用最简单的方法判断减振器（见图9-26）性能是否良好？

____

____

____

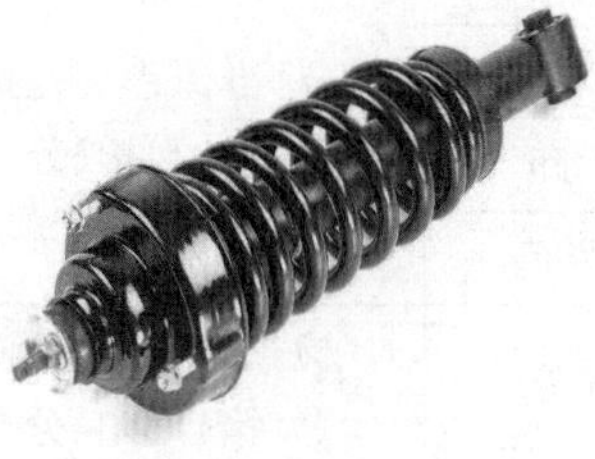

图 9–26 减振器

专业考核评分表——减振器分解与组装

班级：		组别：	组长：	日期：		
技术标准：1. 减振器分解与组装流程；2. 减振器分解与组装要求；3. 减振器检查要求						
序号	作业项目	考核内容	考核标准	分值	扣分	得分
1	准备环节	正确选用工具	选错1次扣1分	5		
		正确使用工具	用错1次扣1分	5		
2	拆卸环节	减振器总成拆卸	按照标准流程规范拆卸，错1次扣2分	25		
		弹簧压缩作业				
		压力轴承的拆卸				
		减振器分解				
3	检查环节	检查减振器套件	检查结果不正确，错1处扣4分	30		
4	安装环节	减振器组装	按照拆卸倒序安装，错1次扣2分	25		
		防尘套的安装				
		弹簧及压力轴承安装				
		减振器总成安装				
5	项目实训时间		≤10min 10分 10～16min 5分 ≥16min 0分	10		
质检员：		评分员：		合计得分		
教师点评： 团队合作：优秀□ 良好□ 及格□ 不及格□ 分工明确：优秀□ 良好□ 及格□ 不及格□ 专业标准：优秀□ 良好□ 及格□ 不及格□ 操作规范：优秀□ 良好□ 及格□ 不及格□						
教师签字：				年 月 日		

注：实训未按规范操作，导致设备损坏或人身伤害，本次考核记0分。

实训项目十　转向系统

任务一　转向系统认知

课时：________

班级：	组别：	姓名：	掌握程度：□优　□良　□及格　□不及格

一、工作任务

1．了解转向系统的结构及原理。

2．掌握齿轮齿条转向系统的拆装方法。

二、原理与应用

1．作用

转向系统的作用是________________________________。

2．结构

写出图10-1所示的各字母指示部件的名称及作用。

A为________________，作用是________________________________；

B为________________，作用是________________________________；

C为________________，作用是________________________________；

D为________________，作用是________________________________；

E为________________，作用是________________________________；

F为________________，作用是________________________________；

G为________________，作用是________________________________；

H为________________，作用是________________________________。

3．工作原理

根据图10-2简述齿轮齿条转向器的工作原理。

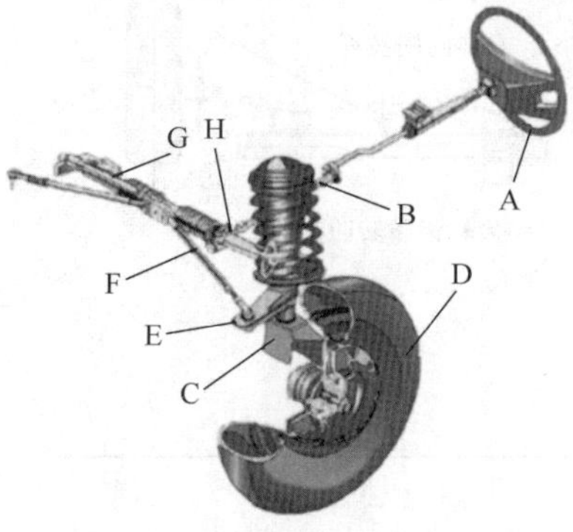

图 10-1　汽车机械转向系统的结构

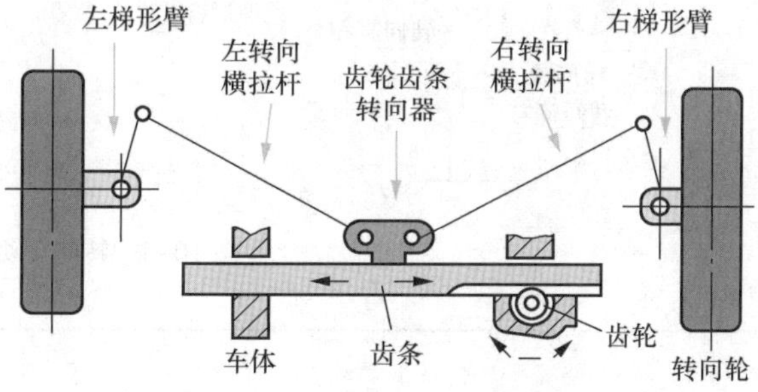

图 10-2　齿轮齿条转向器工作原理

转向盘通过传动轴带动齿轮左右旋转，____

____

____。

转向轮在左、右梯形臂拉动下，发生偏移，实现左右转向。

4．转向操纵机构认知

观察图10-3所示内容，回答问题。

（1）实训车辆转向盘中的开关有__________、

__________、__________、__________、

__________、__________、__________。

（2）上、下转向柱用__________________

____________________________________连接。

（3）转向盘中安全气囊（SRS）的作用是：

____________________________________。

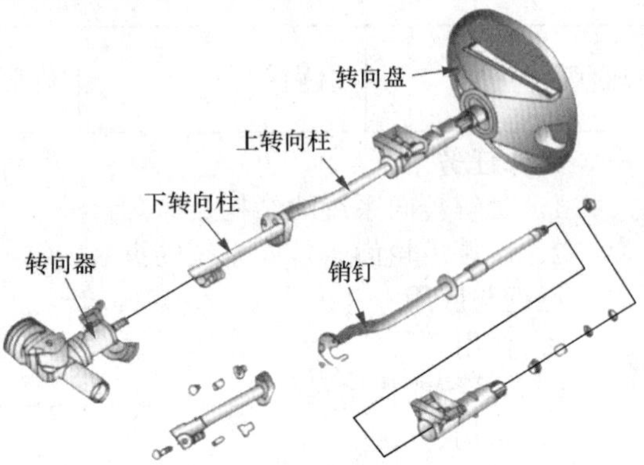

图 10-3　转向操纵机构

5．转向传动机构认知

转向传动机构的组成和布置因转向器位置和转向桥悬架类型不同而异，如图10-4所示。

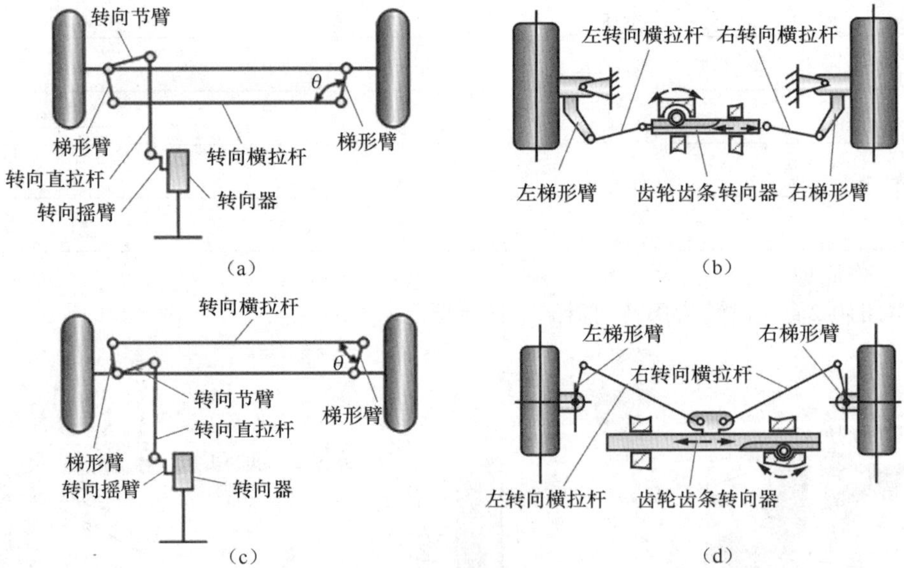

图 10-4　转向传动机构

（1）采用独立悬架的转向传动机构是______________；采用非独立悬架的转向传动机构是______________。

（2）用笔在图10-4中画出调整前轮前束的位置。

（3）发现汽车在行驶中易出现右偏现象，应如何调整前轮前束？

图10-4（a）所示的转向传动机构：________________________________。

图10-4（b）所示的转向传动机构：________________________________。

图10-4（c）所示的转向传动机构：________________________________。

图10-4（d）所示的转向传动机构：________________________________。

案例分享

【故障现象】

一辆大众轿车累计行驶12.2万千米，发动机在怠速运转时发出“嗡嗡”响声，当左右转动转向盘时异响加重。

【故障诊断】

1. 试车发现，行驶时转向盘稳定灵活，未出现跑偏、沉重与发飘现象且转向盘回位良好，听到转向助力泵有“嗡嗡”响声，怀疑转向助力泵有故障。

2. 与用户交流得知，该车之前已经更换了两个转向助力泵，故障依旧，因此排除转向助力泵的故障。

3. 将车停在平坦路面，目视检查发现液压管路、泵体及转向器无漏油现象，储液罐内的液压油在上限与下限之间，传动带松紧适度，发现的唯一异常之处就是液压油存在变质过脏现象。

4. 更换新的液压油，试车，故障依旧没有排除。

5. 起动车辆使发动机怠速运转，转动转向盘数次，待液压油上升至正常工作温度，打开转向助力泵储液罐盖观察油面，发现液压油在流动过程中不时有气泡冒出油面，据此判断是转向助力泵储液罐内滤网堵塞，拆下滤网进行检查，发现滤网脏堵。

【故障排除】

更换转向助力泵储液罐内的滤网，并对系统进行清洗，更换新的液压油，试车，故障排除。

【故障原因】

为什么滤网堵塞会产生噪声呢？滤网堵塞之后会使滤芯内外两侧压差过大，因此会使油面处于不稳定状态。在油面变化的情况下，由于滤芯内侧处于过大负压值，很容易使空气混入进油管并传至泵内，使滤网受到挤压而产生气动噪声。大众系列车型中不仅滤网堵塞会产生噪声，滤网损坏或移位也会产生噪声。

【案例总结】

滤网具有两个作用：一是过滤系统内的沉积物与杂质；二是在回油口压力过高时起到消除脉动的作用，防止产生气泡。因此当转向助力泵出现异常响声时，就应该查看储液罐内滤网是否堵塞，并对液压油进行检查。

思考题

1. 液压助力转向系统有哪些常见故障？
2. 转向盘转向沉重的原因有哪些？

任务二 齿轮齿条转向器拆装

课时：________

<table>
<tr><td>班级：</td><td>组别：</td><td>姓名：</td><td>掌握程度：□优 □良 □及格
□不及格</td></tr>
<tr><td>实训目的</td><td colspan="3">1．了解齿轮齿条转向系统的构造及原理；2．掌握齿轮齿条转向器的拆装方法。</td></tr>
<tr><td>安全注意事项</td><td colspan="3">注意个人及设备安全，规范操作，严格执行6S管理。</td></tr>
<tr><td>实训器材</td><td colspan="3">整车、世达工具、扭力扳手、整车防护七件套、转向器总成、棉纱手套、防火手套、防护镜、工具车、零件台架等。</td></tr>
<tr><td>教学组织</td><td colspan="3">每辆车按6位学员（组长1人、主修1人、辅修1人、观察员1人、评分1人、质检1人）作业，循环操作。</td></tr>
<tr><td>操作步骤演示</td><td colspan="3">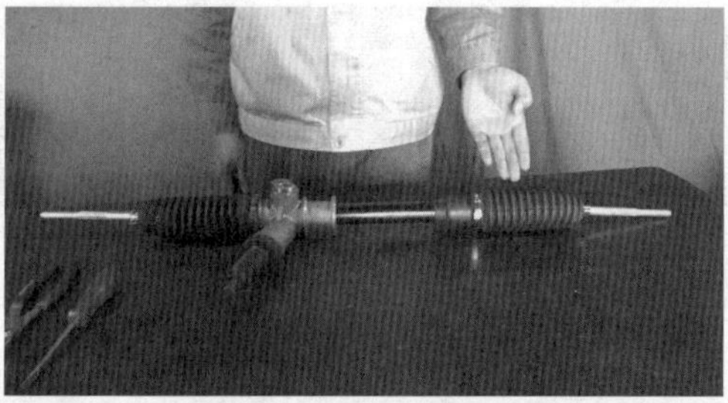
微课
齿轮齿条转向器拆装</td></tr>
<tr><td>任务</td><td colspan="3">作业记录内容 ☑正确 ☒错误</td></tr>
<tr><td>前期准备</td><td colspan="3">□ 1．护具——棉纱手套（见图10-5）、防火手套、防护镜、整车防护七件套（车外三件套、车内四件套）（见图10-6和图10-7）、工具车（见图10-8）、零件台架（见图10-9）等。（注①）
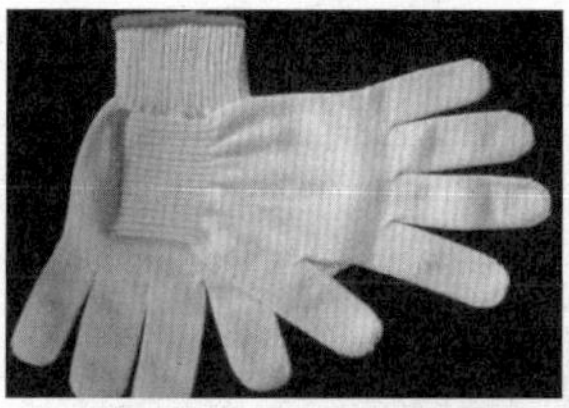
□图 10-5 棉纱手套
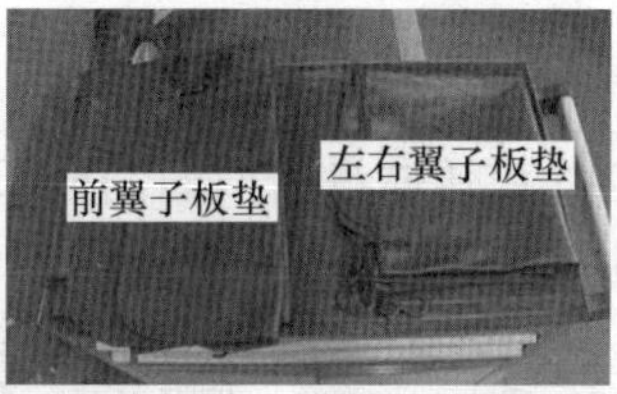

□图 10-6 车外三件套
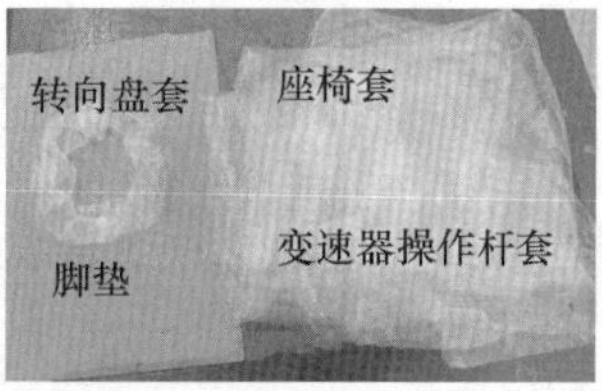

□图 10-7 车内四件套

□图 10-8 工具车

□图 10-9 零件台架</td></tr>
</table>

注①：准备工作一定要注意四到位。1. 防护到位；2. 工具到位；3. 设备到位；4. 耗材到位。

<table>
<tr><td>前期准备</td><td>□ 2．工具及耗材——整车、世达工具（见图10-10）、扭力扳手（见图10-11）、转向器总成（见图10-12）等。

□图 10–10　世达工具
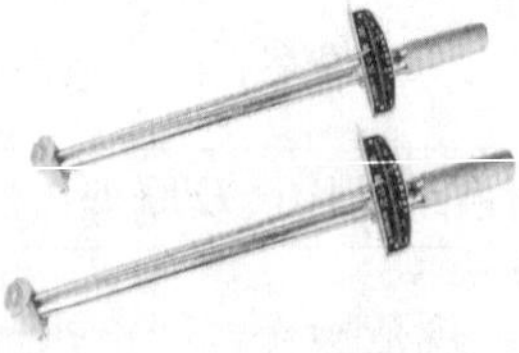
□图 10–11　扭力扳手
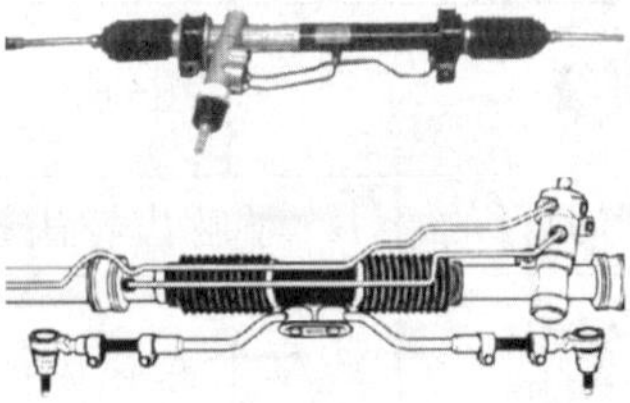
□图 10–12　转向器总成</td></tr>
<tr><td>安全检查</td><td>□检查车辆驻车制动器是否拉起及变速杆是否处于空挡。
□检查实训台架及周围安全。</td></tr>
<tr><td>防护工作</td><td>防护工作的操作步骤如图10-13～图10-15所示。

□图 10–13　人身防护

□图 10–14　车身防护

□图 10–15　车内防护</td></tr>
<tr><td>操作流程</td><td>步骤一　拆卸气囊及转向盘
□ 1．断开蓄电池负极，等待数分钟。
□ 2．戴好防火手套和防护镜。（注②）
拆气囊时为什么要断开蓄电池负极并等待数分钟？
____
____
□ 3．将螺钉旋具从转向盘后面的洞插入并往外撬（或拆下固定螺栓），松开气囊，如图10-16所示。
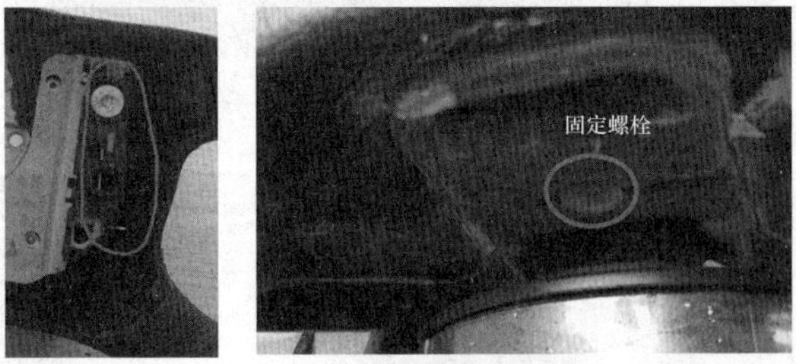

□图 10–16　松开气囊
□ 4．拔下气囊插头，取下气囊，如图10-17所示。用套筒扳手拆卸转向盘中间</td></tr>
</table>

注②：处理SRS-40安全气囊系统时，不要使用碰撞型的工具；拆卸安全气囊时，禁止吸烟。

<table>
<tr>
<td rowspan="1">操作流程</td>
<td>
的大螺母，然后取下转向盘（必要时用专用工具），如图10-18所示。

□图 10-17 拆卸气囊

□图 10-18 拆卸转向盘
步骤二 拆下组合开关
□ 1. 用螺钉旋具拆下装饰罩固定螺栓，取下装饰罩。（注③）
□ 2. 把组合开关线束与原车线束分开。组合开关有两个插头，只要把它们拔掉就可以，如图10-19所示。
□ 3. 用螺钉旋具把固定在转向柱上的两个螺钉拆下，就可以取下旧的组合开关，如图10-20所示。
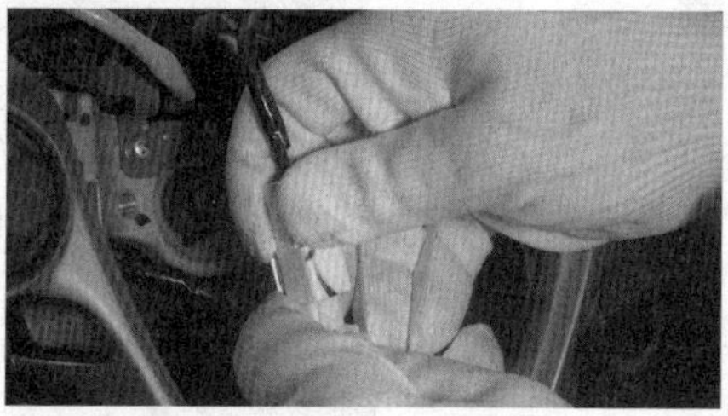
□图 10-19 拔下线束插头

□图 10-20 拆下螺钉
步骤三 拆卸齿轮齿条转向器
□ 1. 取下转向柱总成，如图10-21所示。用套筒扳手拆下转向横拉杆球头螺栓，如图10-22所示。

□图 10-21 取下转向柱总成
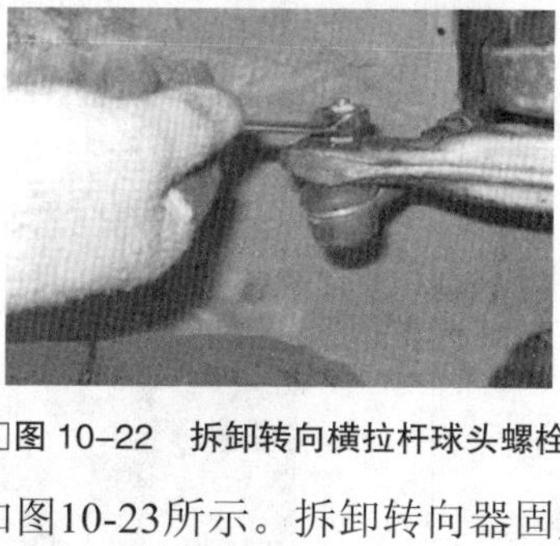
□图 10-22 拆卸转向横拉杆球头螺栓
□ 2. 拆卸助力油管接头并放油（注④），如图10-23所示。拆卸转向器固定螺栓并取出转向器总成，如图10-24所示。
</td>
</tr>
</table>

注③：拆卸装饰罩时一定要戴手套，不要用尖锐的工具拆卸，否则容易刮伤手和装饰件，最重要的是不要使蛮力。

注④：旋松油管螺栓，先拔出一点，排一会油，待没有油滴下来时，再往外拔一点。此动作是因为油管内的油压高，若迅速拔出接头，油有可能会溅到汽车零部件上，对零部件有伤害。同时在拆油管时，在油管接口下方垫块布。

操作流程

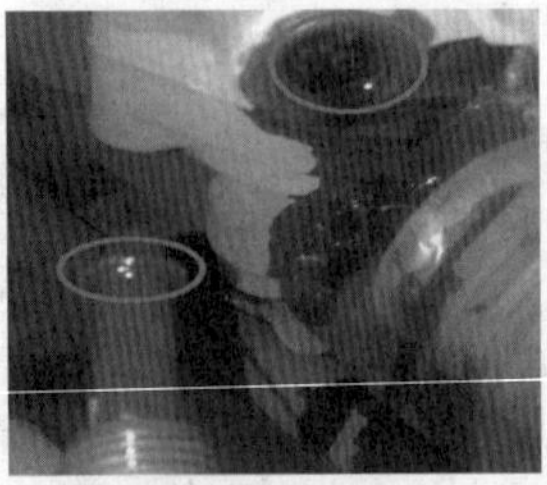

□图 10-23　拆卸助力油管接头

□图 10-24　取出转向器总成

□ 3．用开口扳手拆下转向横拉杆外球头锁止螺母，拆出转向横拉杆外球头，如图10-25所示。用螺钉旋具拆下转向横拉杆防尘套卡箍，取出转向横拉杆防尘套，如图10-26所示。

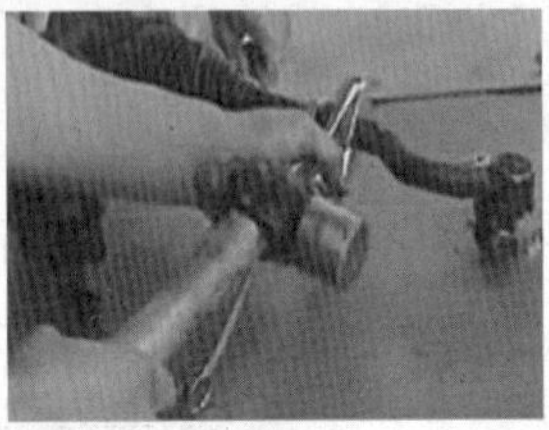

□图 10-25　拆卸转向横拉杆外球头

□图 10-26　拆卸转向横拉杆防尘套

□ 4．拆下转向横拉杆内球头（见图10-27），用扳手拧出转向小齿轮堵头，拆下转向小齿轮紧固螺母。用套筒扳手拆下控制阀体固定螺栓，取下控制阀体，如图10-28所示。

□图 10-27　拆卸转向横拉杆内球头

□图 10-28　拆卸控制阀体

□ 5．拆卸转向器两根油管，从控制阀体中取出转向齿轮，如图10-29所示。然后从转向器壳体中抽出齿条，如图10-30所示。

转向器上的两根油管分别接到哪？

□图 10-29　拆卸转向齿轮

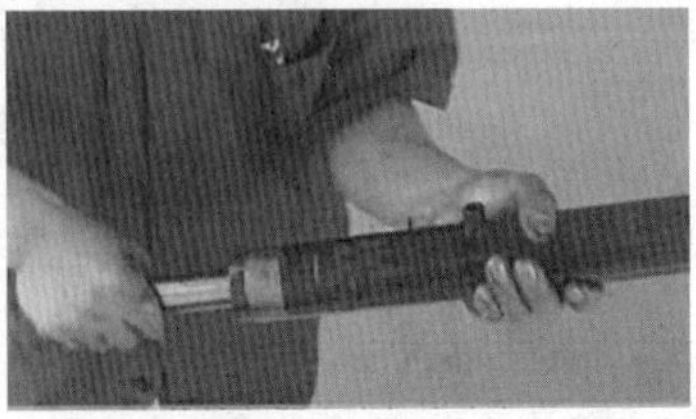

□图 10-30　抽出齿条

操作流程	□ 6．转向器组装。转向器结构如图10-31所示，按照拆卸倒序进行组装。  □图 10-31 转向器结构
设备使用	□ 工具选用是否正确 □ 工具使用是否正确 □ 防护是否到位
检查与评估	
注意事项	1．拆卸齿轮齿条转向器总成时应更换转向横拉杆防尘套。 2．安装转向操纵机构、转向传动机构时应及时检查球头销、万向节的松紧度。 3．齿轮齿条间隙过大或过小对转向系统都有影响，应及时调整至合适大小。 4．转向横拉杆球头销应成对更换。
6S管理规范（教师点评）	□整理 □整顿 □清扫 □清洁 □素养 □安全
成绩评定（学生总结）	小组对本人的评定：□优 □良 □及格 □不及格 学生本次任务成绩：□优 □良 □及格 □不及格

任务拓展

转向球头（见图10-32）损坏时有什么故障现象？是否需要成对更换？为什么？

____

____

____

____

图 10-32 转向球头

专业考核评分表——齿轮齿条转向器拆装

班级： 组别： 组长： 日期：

技术标准：1. 齿轮齿条转向器拆装流程；2. 齿轮齿条转向器拆装要求

序号	作业项目	考核内容	考核标准	分值	扣分	得分
1	准备环节	正确选用工具	选错1次扣1分	5		
		正确使用工具	用错1次扣1分	5		
2	拆卸环节	气囊及转向盘拆卸	按照标准流程规范拆卸，错1次扣2分	40		
		组合开关拆卸				
		转向柱总成拆卸				
		助力油管接头拆卸并放油				
		转向横拉杆内、外球头拆卸				
		转向齿轮及齿条拆卸				
3	安装环节	转向齿轮及齿条安装	按照拆卸倒序安装，错1次扣2分	40		
		转向横拉杆内、外球头安装				
		助力油管接头安装				
		转向柱总成安装				
		组合开关安装				
		气囊及转向盘安装				
4	项目实训时间		≤10min 10分 10～16min 5分 ≥16min 0分	10		
质检员：		评分员：		合计得分		

教师点评：

团队合作：优秀□ 良好□ 及格□ 不及格□　　分工明确：优秀□ 良好□ 及格□ 不及格□

专业标准：优秀□ 良好□ 及格□ 不及格□　　操作规范：优秀□ 良好□ 及格□ 不及格□

教师签字：　　　　年　　月　　日

注：实训未按规范操作，导致设备损坏或人身伤害，本次考核记0分。

实训项目十一　液压助力转向系统

任务一　液压助力转向系统认知

课时：________

班级：	组别：	姓名：	掌握程度：□优　□良　□及格 □不及格

一、工作任务

1．了解液压助力转向系统的结构及原理。

2．掌握液压助力转向系统的维护及调整方法。

二、原理与应用

1．助力转向系统

如图11-1所示，简述助力转向系统的作用：____

____。

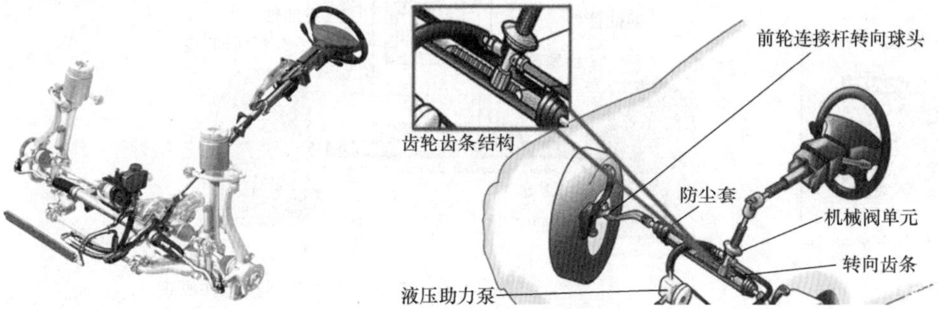

图 11-1　汽车助力转向系统

2．液压助力转向系统

在图11-2中标注液压助力转向系统各部件的名称。

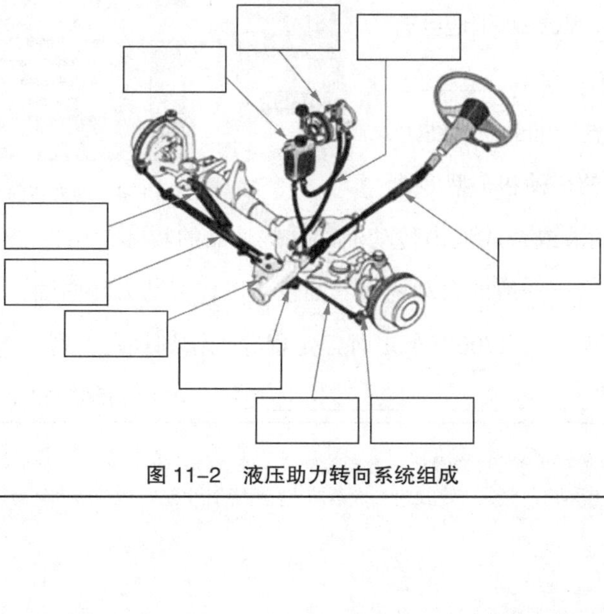

图 11-2　液压助力转向系统组成

根据图11-3分析液压助力转向系统的工作原理。
原理分析如下。

（1）转向助力泵工作分析：________________________________。

（2）转向盘右转，控制阀工作：______________________________。

（3）动力缸进油和回油分析：_______________________________。

（4）转向轮右转分析：____________________________________。

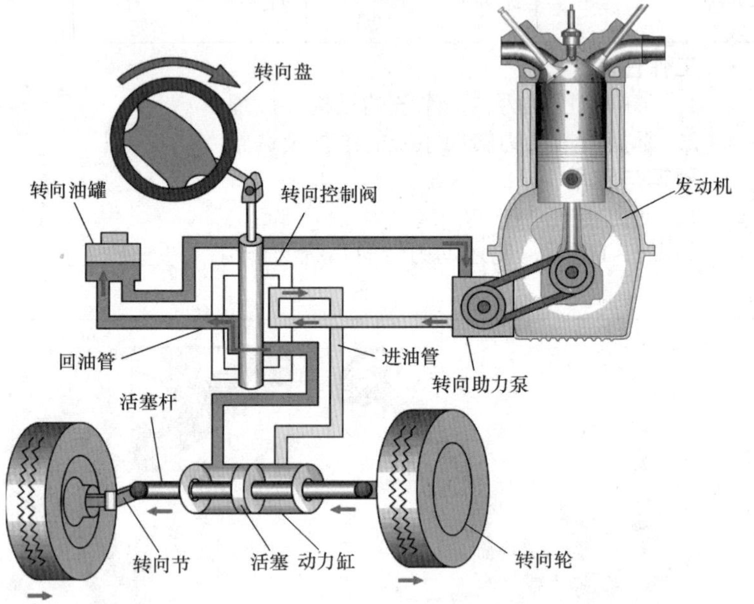

彩图

图 11-3

图 11-3　液压助力转向系统工作原理

3．助力转向系统用油

根据图11-4所示内容并查询资料，完成下面的填空。

（1）中低档车的助力转向系统用油有________号液压油，低温寒带地区有选用________号航空液压油、________号或________号液力传动油的。（注①）

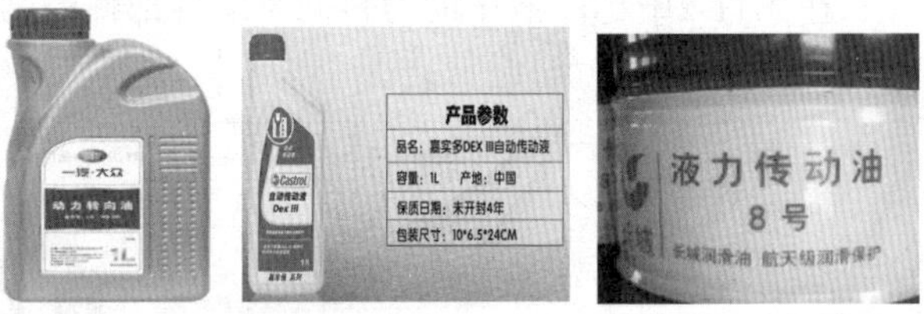

图 11-4　助力转向系统用油

（2）新型或高档的车种和车型多选择________自动传动液或合成液力传动油，这些油品的实际使用性能和寿命都较过去的油品有了很大的改善。（用一般的自动变速器油也可以代替助力转向油）

（3）北京奔驰戴克Jeep 4700汽车定时、定程养护计划规定：每______________做一次助力转向系统清洗/养护；每________________更换一次助力转向油。

注①：助力转向系统用油也可以称为转向器油、自动传动液、液力传动油、动力转向油，它是液力传动油的一种，不同标号的液力传动油用在不同的机械上，使用在汽车助力转向系统中就叫作“助力转向油”或“转向器油”。

（4）帕萨特系列汽车助力转向系统规定：每______检查一次助力转向油液面，必要时加______。

（5）吉奥汽车规定：每行驶______需清洗保养一次，或遇转向困难、系统渗漏等故障，更换助力转向器配件后，也须______保养一次。

案例分享

【故障现象】

一辆江淮汽车，最近在驾驶过程中出现两前轮不正常的磨损、转向沉重的故障现象。

【故障诊断】

1. 维修人员初步检查发现两个前轮轮胎压力均属正常，但胎冠却呈锯齿状磨损，因此可以判定转向沉重主要是由于前轮定位问题引起的，经详细的测量后发现，汽车前轮后端尺寸比前端尺寸小了10mm，这是与该车轮胎使用标准不相符的。
2. 经过专业人员进一步检查发现，该车的转向横拉杆呈弯曲变形状态，分析该车可能曾与道路上的障碍物发生碰撞。
3. 维修专业人员断定，该车是由于转向横拉杆弯曲变形引起的转向沉重，从而导致汽车前轮严重磨损。

【故障排除】

更换转向横拉杆，调整前轮前束后，试车，故障排除。

【故障原因】

转向横拉杆弯曲变形，使前轮前束值失效，从而出现轮胎磨损严重，啃胎，转向费力，转向盘不能自动回正等现象。

【案例总结】

1. 汽车在行驶过程中，可能与道路上的障碍物发生碰撞而导致转向横拉杆弯曲变形。
2. 产生转向沉重故障最主要的因素：转向轮胎压不足；转向轮自身定位不准或是车轴、车架变形引起转向轮定位失准；转向器的主动部分轴承调整过紧或从动部分配合太紧；汽车转向器主、从动部分的啮合间隙调整过小；转向器缺油或无油；转向器壳体变形；转向柱转向轴弯曲或套管凹陷产生相互摩擦；转向纵、横拉杆球头连接处调整过紧。

思考题

1. 简述汽车电动助力转向系统的工作原理。
2. 汽车电动助力转向系统怎样维护？

任务二　液压助力转向系统维护与调整

课时：__________

班级：	组别：	姓名：	掌握程度：□优　□良　□及格 □不及格

实训目的	1．了解转向系统维护的内容；2．掌握转向系统维护与调整的方法。
安全注意事项	注意个人及设备安全，规范操作，严格执行6S管理。
实训器材	整车、世达工具、扭力扳手、棉纱手套、转向器总成、助力转向油、直尺、整车防护七件套等。
教学组织	每辆车按6位学员（组长1人、主修1人、辅修1人、观察员1人、评分1人、质检1人）作业，循环操作。
操作步骤演示	 微课 液压助力转向系统维护与调整
任务	作业记录内容　☑正确　☒错误
前期准备	□ 1．护具——棉纱手套、整车防护七件套（车外三件套、车内四件套），如图11-5～图11-7所示。（注②） 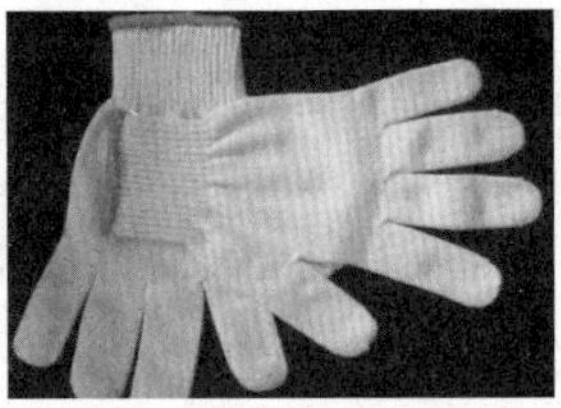 □图 11–5　棉纱手套 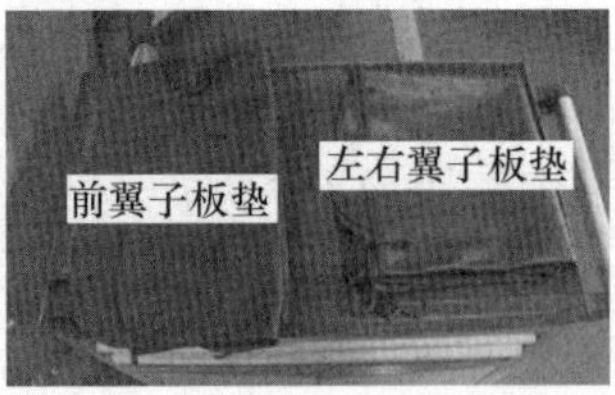 □图 11–6　车外三件套 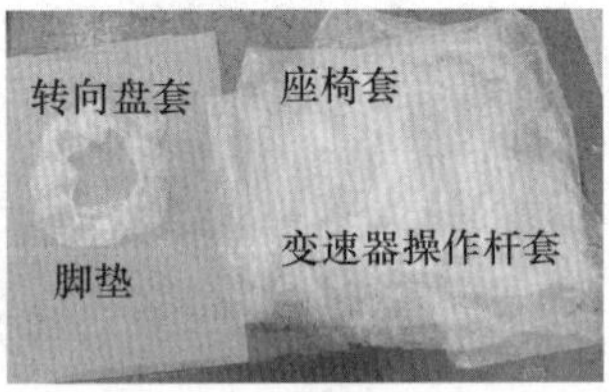 □图 11–7　车内四件套 □ 2．工具及耗材——整车、世达工具（见图11-8）、扭力扳手（见图11-9）、助力转向油（见图11-10）、直尺等。

注②：准备工作一定要注意四到位。1. 防护到位；2. 工具到位；3. 设备到位；4. 耗材到位。

前期准备	 □图 11–8 世达工具 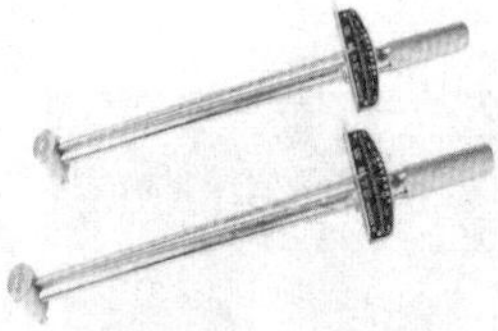 □图 11–9 扭力扳手  □图 11–10 助力转向油
安全检查	□检查车辆驻车制动器是否拉起及变速杆是否处于空挡。 □检查实训台架及周围安全。 □举升车辆时，进行举升机的安全检查。 □检查举升机与车辆支点位置。 □举升车辆时，检查举升机升降过程。（注③）
防护工作	防护工作的操作步骤如图11-11 ～图11-13所示。  □图 11–11 人身防护  □图 11–12 车身防护 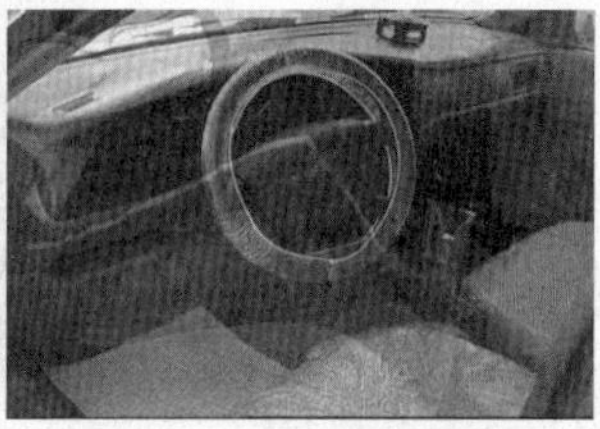 □图 11–13 车内防护
操作流程	**步骤一 助力转向油油位、油质检查** □ 1．检查助力转向油的油位是否合适，如图11-14所示。 □ 2．检查助力转向油是否变质，如图11-15所示。 □ 3．检查及清洗助力转向油罐及滤芯，防止堵塞。（助力转向油的更换周期为两年或者4万～6万千米） □ 4．补充或加注助力转向油，使其符合油量标准。（注④） 彩图 图 11–15 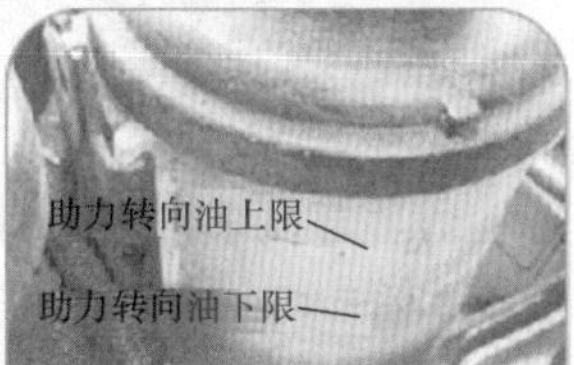 □图 11–14 油位的检查  （a）旧油 （b）新油 □图 11–15 油质检查 **步骤二 液压泵及管路检查** □ 1．检查液压系统管路有无漏油及管路有无老化，如图11-16所示。若有漏油或老化，应更换相应管路。检查管路有无与其他地方接触而发生摩擦的情况，如图11-17所示。

注③：举升过程中若有异常或异响，应立即停止当前作业并及时和教师联系，不得擅自处理。

注④：在本系列的《汽车快修快保实训工单》一书中有助力转向油更换这方面的内容，本任务不再进行实训。

操作流程

□图 11–16　检查是否漏油

□图 11–17　检查管路摩擦情况

□ 2．检查转向助力泵皮带有无裂纹、断裂等，若有裂纹应更换，如图11-18所示。

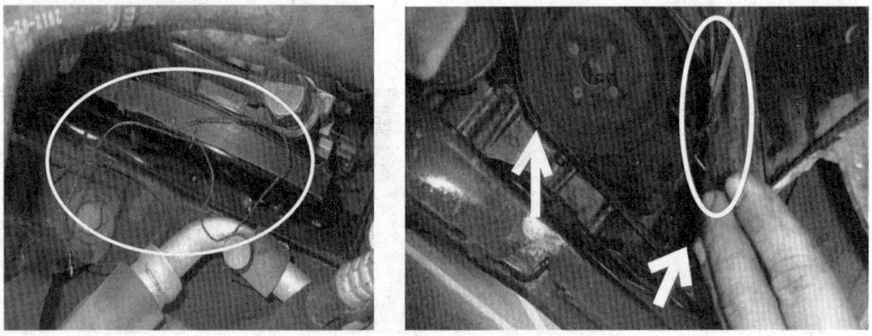

□图 11–18　检查转向助力泵皮带

□ 3．用手指下压转向助力泵皮带，检查皮带松紧度，如图11-19所示。若皮带过松或过紧，可通过调整张紧器将松紧度调整至合适，如图11-20所示。

□图 11–19　检查皮带松紧度

□图 11–20　调整皮带松紧度

步骤三　转向系统检查

□ 1．检查转向盘自由角度。转向盘的自由角度为10°～15°，如图11-21所示。（注⑤）

注⑤：当车辆向正前方行驶时，转向盘需要有一定的自由转动量，也就是说在这种情况下，转向盘有一点小的抖动、偏转不会导致车辆的行驶方向发生变化。倘若没有这个自由转动量，那么驾驶员任何小的动作都有可能导致行驶方向的改变，需要随时进行纠正，容易产生驾驶疲劳。如果这个自由转动量过大，那么操纵转向时就会导致响应不够且不顺畅，也会影响驾驶员的驾驶。

操作流程

□ 2．转向盘自由行程标准值不大于30mm，如图11-22所示。自由行程大于标准值，应调整转向器（有的车型不可调整），再检查转向横拉杆球头间隙，若间隙不合适可通过调整螺栓进行调整，如图11-23所示。

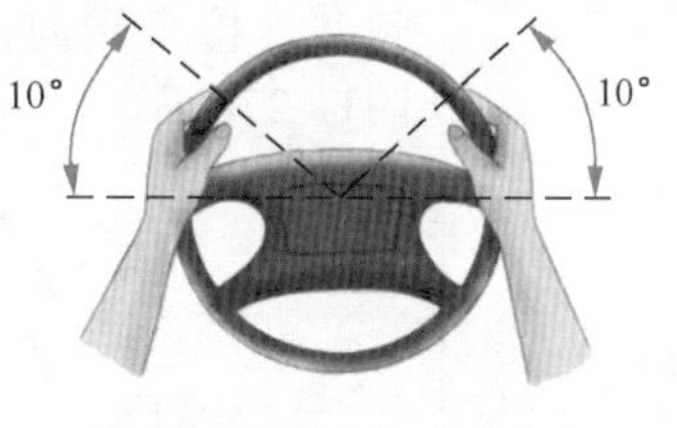

□图 11-21　检查自由角度

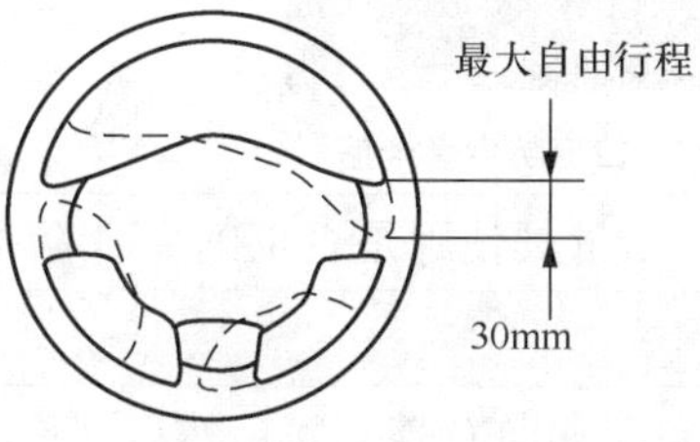

□图 11-22　最大自由行程

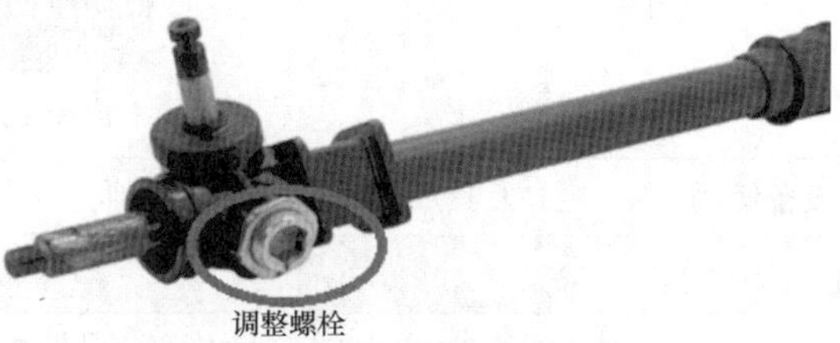

□图 11-23　调整螺栓

□ 3．检查转向横拉杆有无弯曲、损坏，用手晃动转向横拉杆，检查是否松动，如图11-24所示。

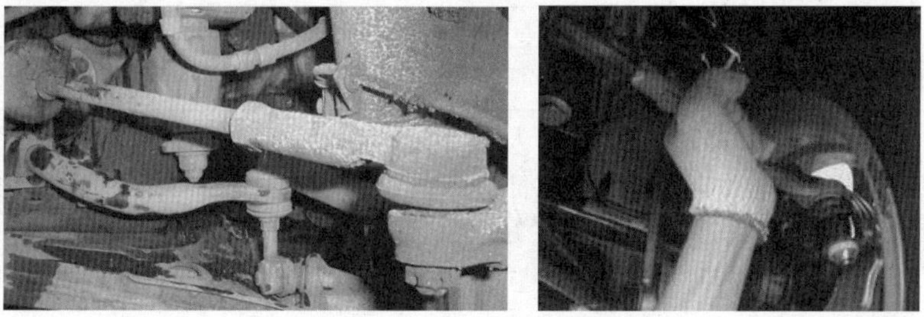

□图 11-24　检查转向横拉杆

□ 4． 检查转向横拉杆球头。检查开口销是否变形、损坏，检查转向横拉杆球头防尘套有无老化、开裂，转向横拉杆球头销是否磨损，必要时应成对更换，如图11-25和图11-26所示。

为什么转向横拉杆球头销必须成对更换？

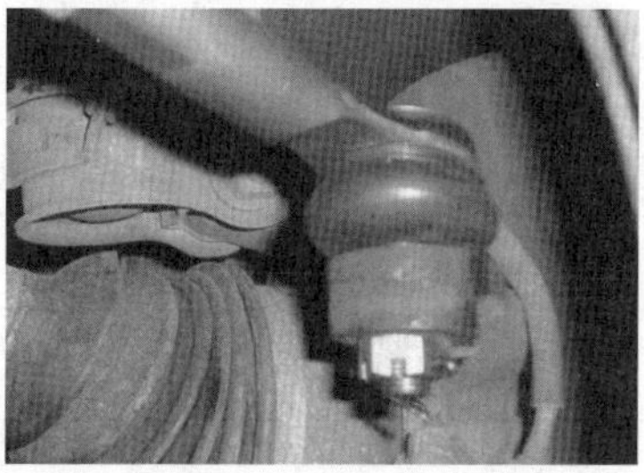

□图 11-25　检查防尘套及开口销

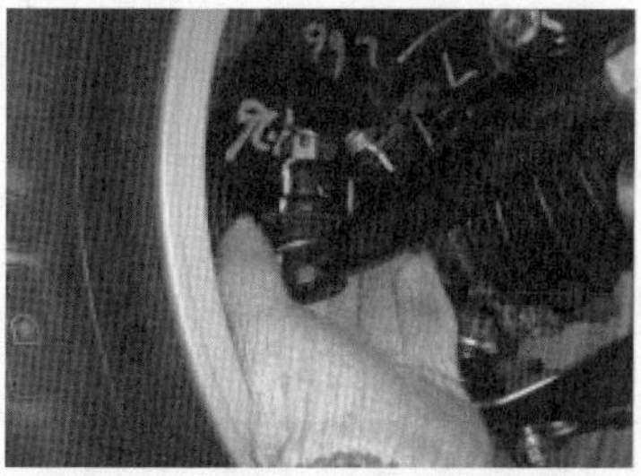

□图 11-26　检查转向横拉杆球头销磨损情况

操作流程	□ 5．检查转向器防尘套有无开裂、卡箍有无松动，必要时更换防尘套，如图11-27所示。 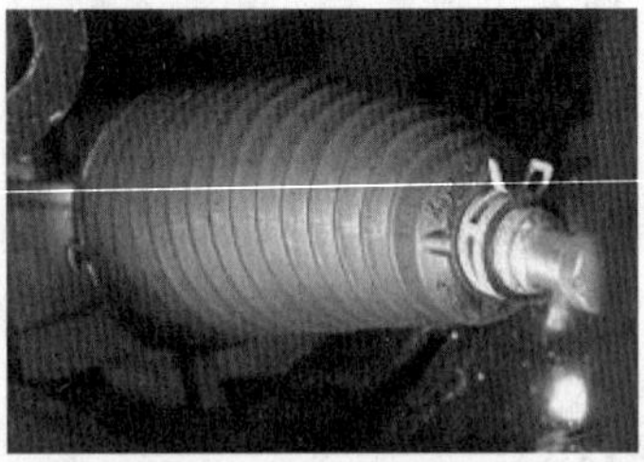 □图 11–27　检查防尘套卡箍
设备使用	□ 工具/量具选用是否正确　□ 工具/量具使用是否正确　□ 防护是否到位
检查与评估	
注意事项	1．更换完助力转向油后要将转向盘向左和向右打到底，然后回正，油位要符合规定。 2．不同品牌的助力转向油禁止混用。 3．助力转向油可以用自动变速器油代替。
6S管理规范（教师点评）	□整理　□整顿　□清扫　□清洁　□素养　□安全
成绩评定（学生总结）	小组对本人的评定：□优　□良　□及格　□不及格 学生本次任务成绩：□优　□良　□及格　□不及格
任务拓展	

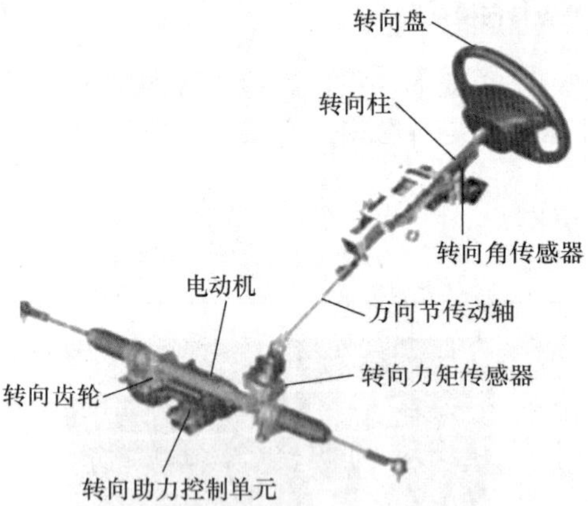

图 11–28　速腾轿车电动助力转向系统组成

速腾轿车的电动助力转向系统（见图11-28）是怎样工作的？

____

____

____

____

____

____

____

专业考核评分表——液压助力转向系统维护与调整

班级：		组别：		组长：	日期：	
技术标准：1. 转向系统维护与调整流程；2. 转向系统维护与调整要求						
序号	作业项目	考核内容	考核标准	分值	扣分	得分
1	准备环节	正确选用工具	选错1次扣1分	5		
		正确使用工具	用错1次扣1分			
		正确选用量具	选错1次扣1分	5		
		正确使用量具	用错1次扣1分			
2	检测环节	助力转向油油位检查	正确使用工量具，结果应正确，错1次扣5分	10		
		助力转向油油质检查		10		
		液压泵及管路检查		10		
		转向盘自由角度检查		10		
		转向盘自由行程检查		10		
		转向横拉杆及其球头的检查		10		
		转向器防尘套的检查		10		
3	调整环节	转向系统检测后调整	根据检测结果确定调整项目，错1次扣5分	10		
4	项目实训时间		≤10min　10分 10～17min　5分 ≥17min　0分	10		
质检员：		评分员：		合计得分		
教师点评： 团队合作：优秀□ 良好□ 及格□ 不及格□　　分工明确：优秀□ 良好□ 及格□ 不及格□ 专业标准：优秀□ 良好□ 及格□ 不及格□　　操作规范：优秀□ 良好□ 及格□ 不及格□						
教师签字：				年　月　日		

注：实训未按规范操作，导致设备损坏或人身伤害，本次考核记0分。

实训项目十二 制动器

任务一 制动器认知

课时：__________

班级：	组别：	姓名：	掌握程度：□优 □良 □及格 □不及格

一、工作任务

1．了解汽车制动器的结构及原理。

2．掌握制动器拆装方法。

二、原理与应用

1．盘式制动器认知

写出图12-1中各字母所表示的零部件的名称和工作原理。

A为______________，工作原理：____。

B为______________，工作原理：____。

C为______________，工作原理：____。

D为______________，工作原理：____。

E为______________，工作原理：____。

F为______________，工作原理：____。

G为______________，工作原理：____。

H为______________，工作原理：____。

2．鼓式制动器认知

写出图12-2中各字母所表示的零部件的名称和工作原理。

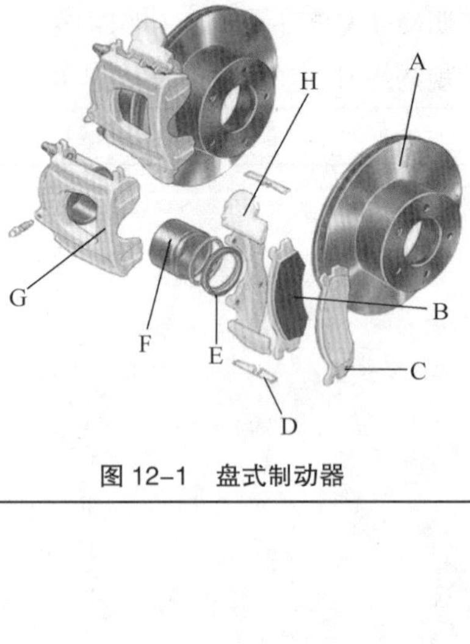

图 12-1　盘式制动器

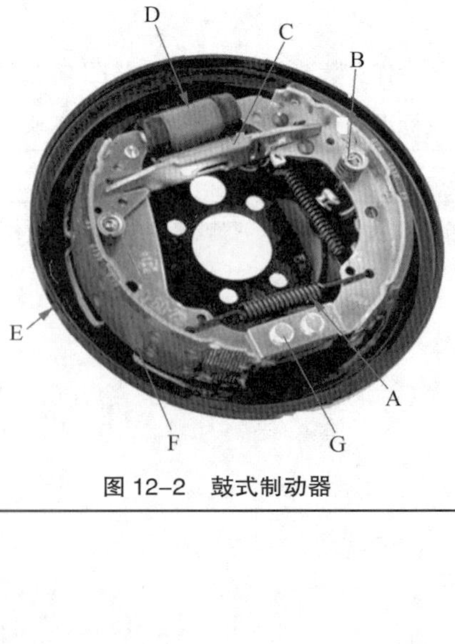

图 12-2　鼓式制动器

A为______________，工作原理：____。

B为______________，工作原理：____。

C为______________，工作原理：____。

D为______________，工作原理：____。

E为______________，工作原理：____。

F为______________，工作原理：____。

G为______________，工作原理：____。

3．盘式制动器工作原理

盘式制动器的工作原理如图12-3所示。

（1）踩下制动踏板（刹车踏板）：____。

（2）分泵油压升高：____。

（3）活塞会产生移动：____。

（4）制动卡钳左移：____。

（5）制动盘内外受到挤压：____。

4．鼓式制动器工作原理

如图12-4所示，简述鼓式制动器的工作原理。

____

____

____

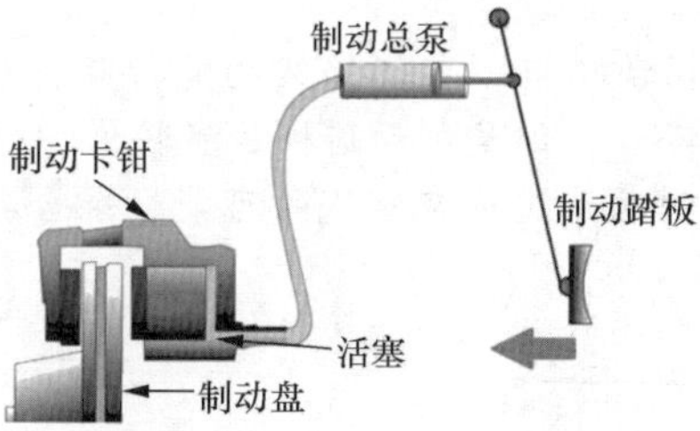

图 12–3　盘式制动器的工作原理

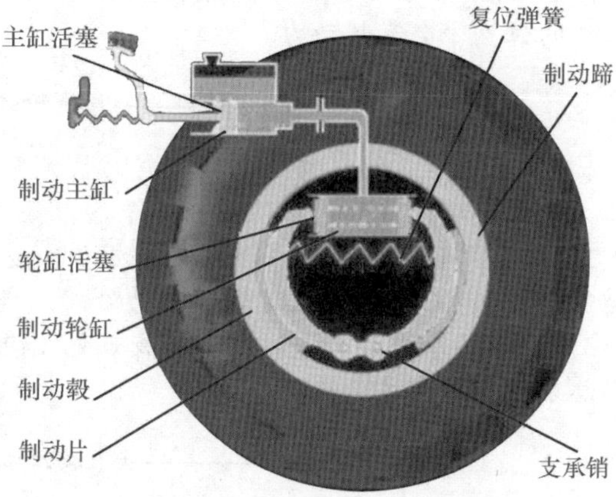

图 12–4　鼓式制动器工作原理

5．制动片

制动片如图12-5所示，完成下面的填空。

（1）制动片的更换周期是 ____________________；制动片的磨损极限是____________________。

（2）制动片磨损报警装置有____________、________________。

（3）新制动片的厚度是____________。

（4）制动片由____________、____________、____________组成，其中制动片开槽的原因有____________、____________等。

（a）旧制动片　　（b）新制动片

图 12-5　制动片

案例分享

【故障现象】

一辆 2013 年产赛欧轿车行驶里程 2.6 万千米。据车主反映，制动时需要将制动踏板踩到很低的位置才会有制动力。

【故障诊断】

1. 原地试车，使发动机怠速运转，快速踩下制动踏板，踏板在较低的位置时才会感觉有阻力，保持踏板力，制动踏板会下降。
2. 进行路试，在车速为 30km/h 左右时缓慢踩下制动踏板，车辆仍然向前行驶，明显感觉制动效果不良；如果快速踩下制动踏板，车辆可以停住，但是制动踏板位置较低。
3. 给制动系统放气，但是制动液未见气泡，排除制动系统存在空气的可能，综合判断制动总泵已经不能建立油压。

【故障排除】

更换制动总泵，加注制动液后进行路试，故障排除。

【故障原因】

制动总泵是制动系统的核心部件，它将制动液压缩到每个车轮的制动分泵以实施制动。制动总泵常见的故障是活塞密封不良，使制动系统无法建立油压，导致无制动力或者制动踏板踩得很低才有制动力。

【案例总结】

制动总泵泄压时的常见故障现象有两种：缓慢踩下制动踏板，制动踏板会降到最低位置，制动油压无法建立，路试的表现为低速行驶时，如果快速踩下制动踏板可以制动，如果缓慢踩下制动踏板则没有制动；进行制动系统放气时，制动踏板降低后无法回位，反复踩踏也无法建立油压，放不出制动液或制动液放出得很少。

思考题

1. 简述制动盘的更换流程及注意事项。
2. 制动盘是否要成对更换？为什么？

任务二　制动器分解与组装

课时：________

<table>
<tr><td>班级：</td><td>组别：</td><td>姓名：</td><td>掌握程度：□优　□良　□及格　□不及格</td></tr>
<tr><td>实训目的</td><td colspan="3">1. 了解制动器的分类；2. 掌握盘式制动器、鼓式制动器的分解与组装方法。</td></tr>
<tr><td>安全注意事项</td><td colspan="3">注意个人及设备安全，规范操作，严格执行6S管理。</td></tr>
<tr><td>实训器材</td><td colspan="3">整车、整车防护七件套、棉纱手套、世达工具、分泵回位器、扭力扳手、制动片、制动液、针管、钢丝、尖嘴钳、制动盘等。</td></tr>
<tr><td>教学组织</td><td colspan="3">每辆车按6位学员（组长1人、主修1人、辅修1人、观察员1人、评分1人、质检1人）作业，循环操作。</td></tr>
<tr><td>操作步骤演示</td><td colspan="3">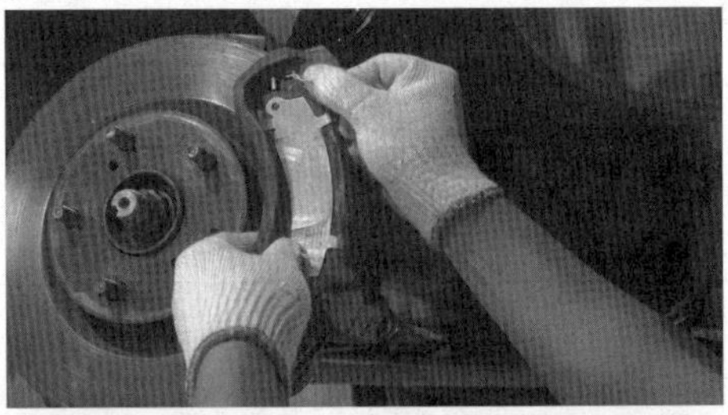

微课 制动器分解与组装（上）
微课 制动器分解与组装（下）</td></tr>
<tr><td>任务</td><td colspan="3">作业记录内容　☑正确　☒错误</td></tr>
<tr><td>前期准备</td><td colspan="3">□ 1. 护具——棉纱手套、整车防护七件套（车外三件套、车内四件套），如图12-6～图12-8所示。（注①）
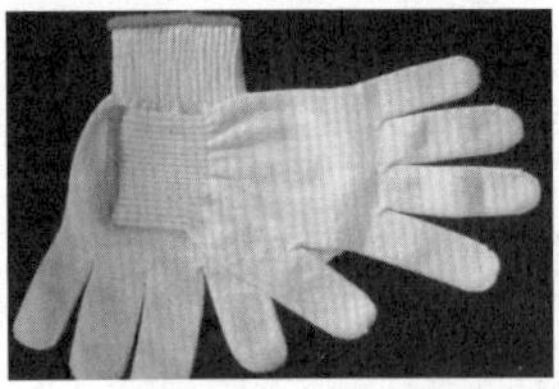
□图 12-6　棉纱手套
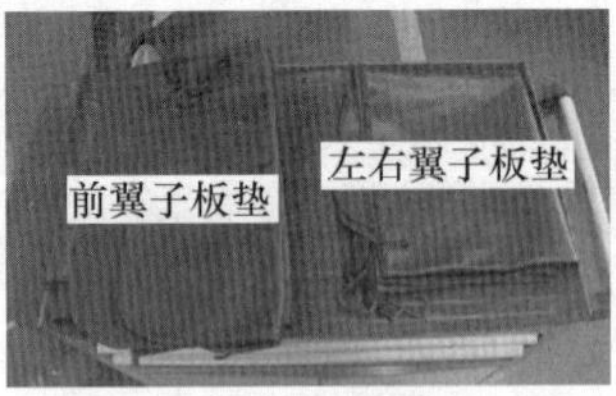

□图 12-7　车外三件套
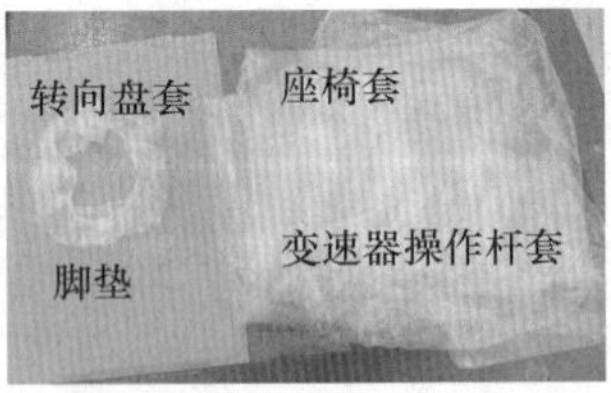

□图 12-8　车内四件套
□ 2. 工具及耗材——整车、分泵回位器（见图12-9）、扭力扳手（见图12-10）、针管（见图12-11）、制动片（见图12-12）、世达工具（见图12-13）、制动液（见图12-14）、钢丝、制动盘、尖嘴钳等。</td></tr>
</table>

注①：准备工作一定注意四到位。1. 防护到位；2. 工具到位；3. 设备到位；4. 耗材到位。

前期准备	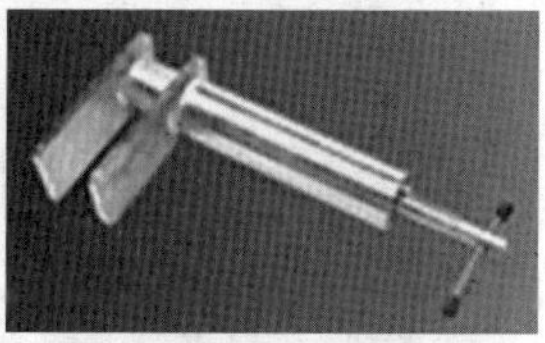 □图 12-9　分泵回位器 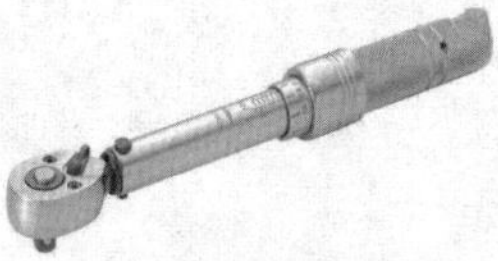 □图 12-10　扭力扳手 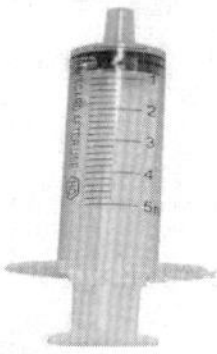 □图 12-11　针管  □图 12-12　制动片  □图 12-13　世达工具  □图 12-14　制动液
安全检查	□检查车辆驻车制动器是否拉起及变速杆是否处于空挡。 □检查实训台架及周围安全。 □举升车辆时，进行举升机的安全检查。 □检查举升机与车辆支点位置。 □举升车辆时，检查举升机升降过程。（注②）
防护工作	防护工作的操作步骤如图12-15～图12-17所示。  □图 12-15　人身防护  □图 12-16　车身防护 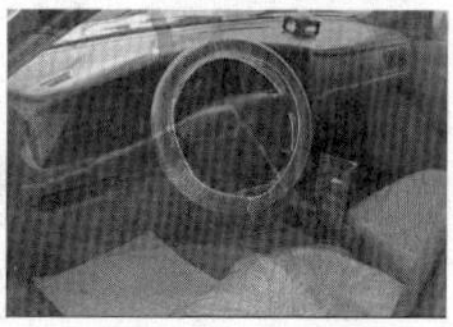 □图 12-17　车内防护
操作流程	**步骤一　盘式制动器拆卸** □ 1. 打开制动液储液罐盖子，用针管抽出部分制动液，避免安装新制动片时溢出制动液，如图12-18和图12-19所示。 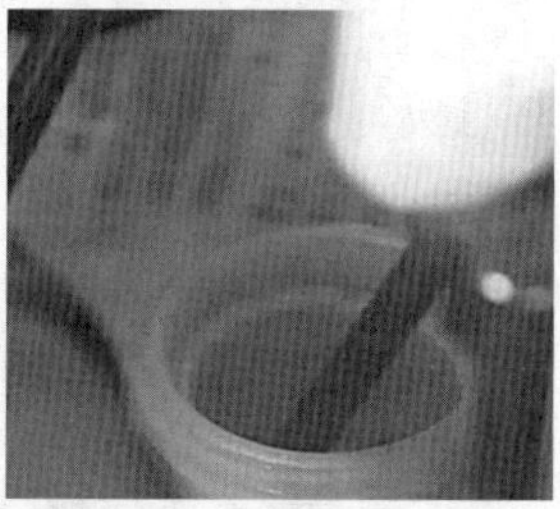 □图 12-18　抽制动液 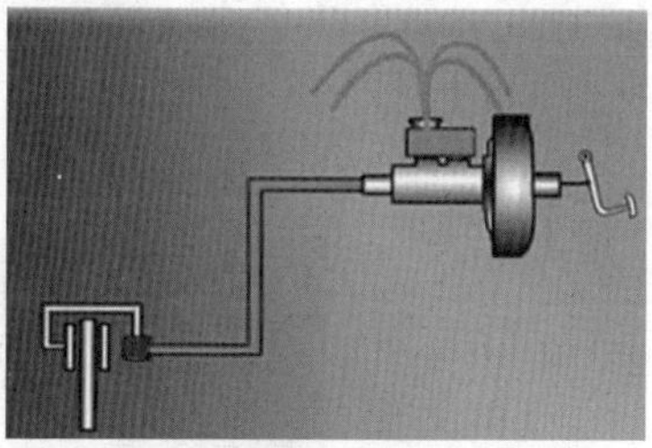 □图 12-19　制动液外溢 □ 2. 松开车轮螺栓，举升车辆，环车检查举升安全，如图12-20和图12-21所示。将车辆升至合适高度，拆卸车轮。（注③）

注②：举升过程中若有异常或异响，应立即停止当前作业并及时和教师联系，不得擅自处理。

注③：检查举升车辆位置是否安全；举升后需做好保险。

<table>
<tr>
<td>操作流程</td>
<td>
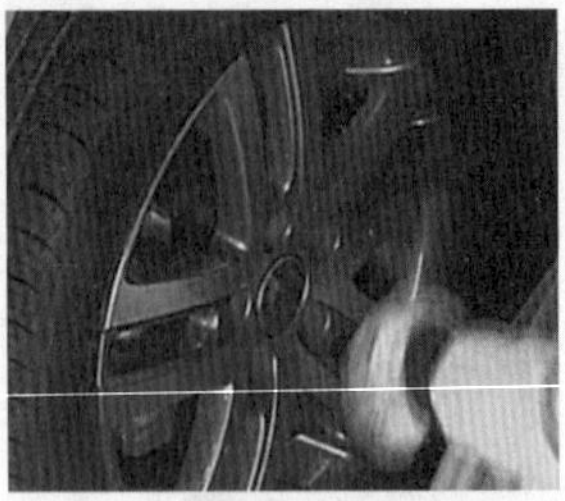

□图 12-20　松开车轮螺栓

□图 12-21　举升车辆

□ 3．拆卸制动片止位弹簧，将转向盘转至一侧极限位置以便于拆装，如图12-22和图12-23所示。

□图 12-22　拆卸制动片止位弹簧

□图 12-23　调整待拆制动器位置

□ 4．拔下制动片报警装置插头，拆下导向轴橡胶堵盖，如图12-24和图12-25所示。

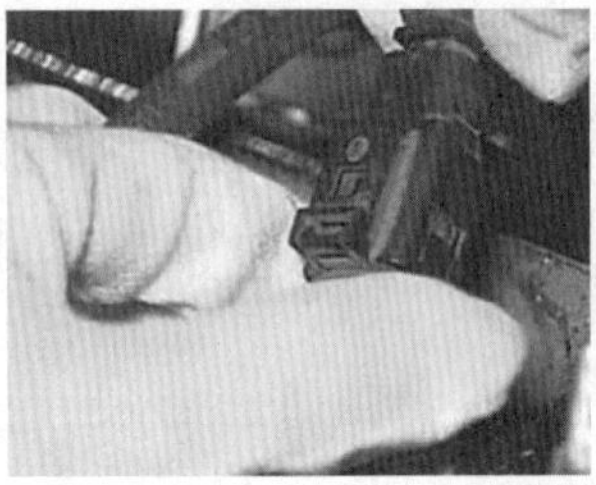

□图 12-24　拔下制动片报警装置插头

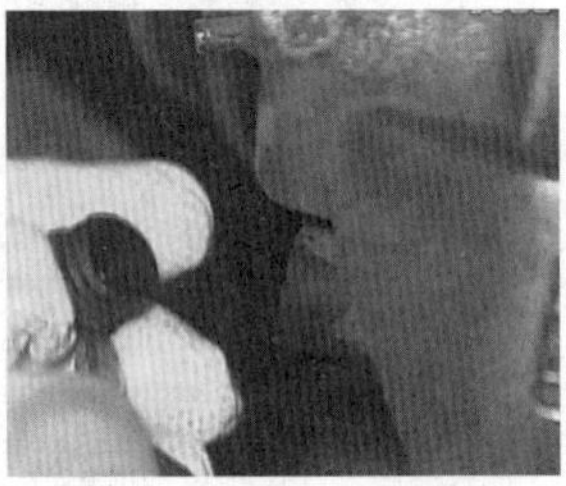

□图 12-25　拆下导向轴橡胶堵盖

□ 5．用合适的套筒扳手拆卸制动钳固定螺栓，取下制动钳并用钢丝固定，如图12-26和图12-27所示。

□图 12-26　拆卸制动钳固定螺栓

□图 12-27　取下并固定制动钳
</td>
</tr>
</table>

操作流程

为什么取下制动钳后要用钢丝固定？

____

____

□ 6．取下制动片，拆下制动钳支架螺栓，取出制动钳支架，如图12-28和图12-29所示。（注④）

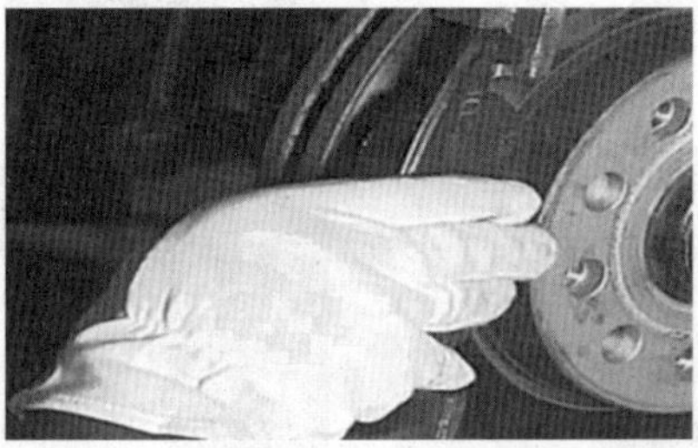

□图 12-28　取下制动片

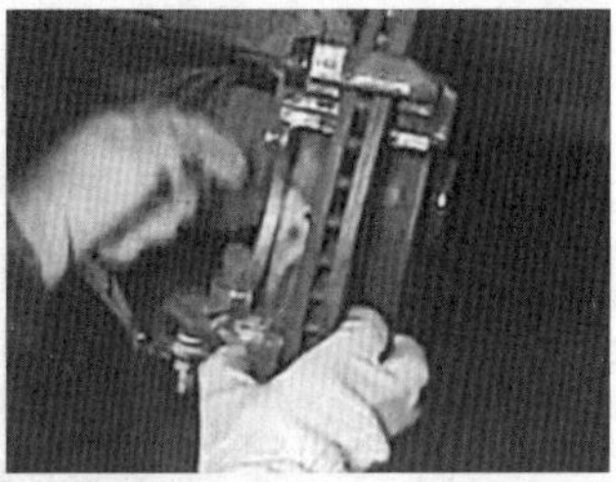

□图 12-29　拆卸制动钳支架

□ 7．用合适的套筒扳手拆卸制动盘固定螺栓并取下制动盘，检查制动盘与制动片磨损情况，如图12-30和图12-31所示。

制动盘磨损极限是____________；制动片磨损极限是____________。

□图 12-30　取下制动盘

□图 12-31　检查制动片

步骤二　盘式制动器组装

□ 1．安装制动盘，使用分泵回位器将分泵活塞推回位，如图12-32和图12-33所示。

为什么要将分泵活塞推回位？

____

____

□ 2．清洁新制动盘表面，安装制动钳支架，如图12-34和图12-35所示。

注④：制动钳支架可以用挂钩挂好。

操作流程

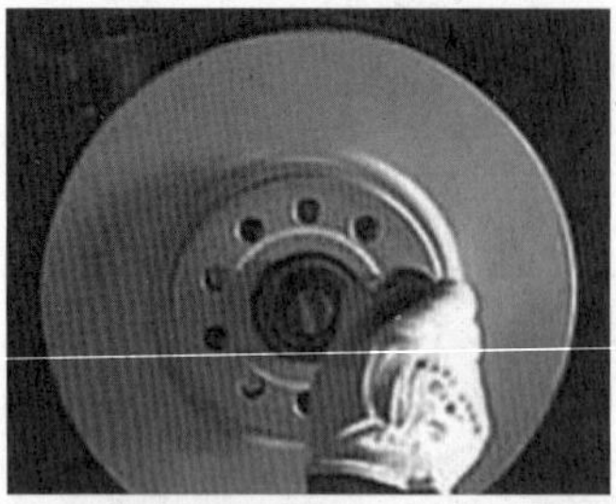

□图 12-32　制动盘安装

□图 12-33　分泵活塞回位

□图 12-34　清洁制动盘

□图 12-35　安装制动钳支架

□ 3．安装新制动片，安装制动钳并用扭力扳手按规定力矩拧紧固定螺栓，如图12-36和图12-37所示。（注⑤）

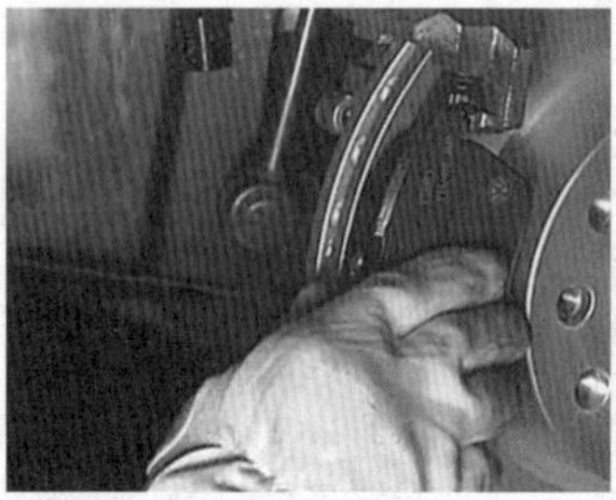

□图 12-36　安装新制动片

□图 12-37　安装制动钳

□ 4．安装导向轴橡胶堵盖，安装制动片报警装置插头，如图12-38和图12-39所示。

□图 12-38　安装导向轴橡胶堵盖

□图 12-39　安装制动片报警装置插头

注⑤：紧固力矩为30N·m。

操作流程

□ 5．安装制动片止位弹簧，安装车轮并用扭力扳手按规定力矩拧紧固定螺栓，如图12-40和图12-41所示。

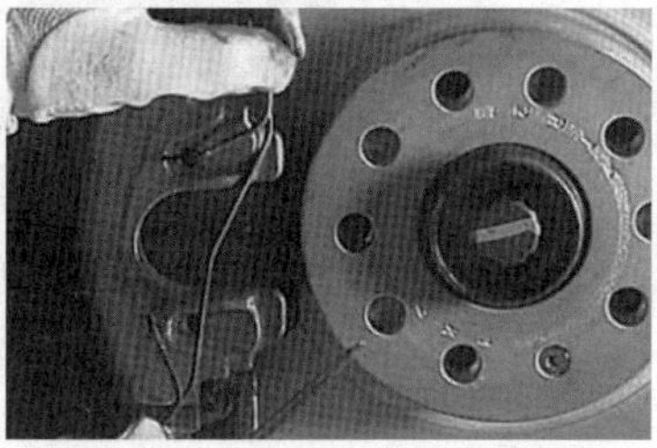

□图 12-40　安装制动片止位弹簧

□图 12-41　安装车轮

□ 6．在停车状态下多踩几次制动踏板，检查制动液液位高度，如图12-42和图12-43所示。

为什么要在停车状态下多踩几次制动踏板？

____

____

□图 12-42　踩制动踏板

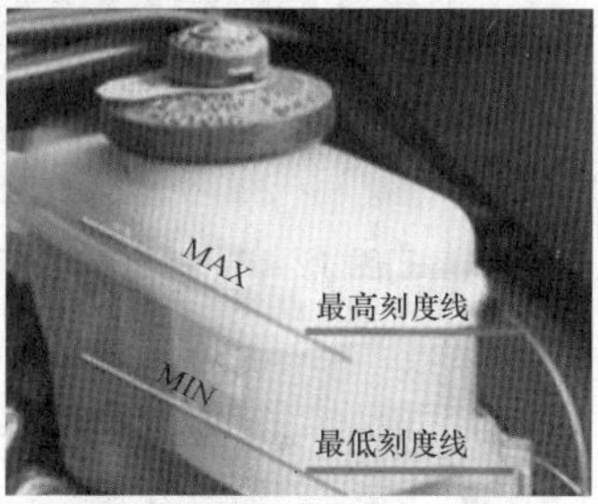

□图 12-43　检查制动液液位

步骤三　鼓式制动器拆卸

□ 1．松开车轮螺栓，如图12-44所示。举升车辆到合适高度，并锁止举升机，拆卸车轮。（注⑥）

□ 2．松开驻车制动器，拆卸制动毂定位螺栓，拆下后轮轴承盖，如图12-45所示。

□图 12-44　松开车轮螺栓

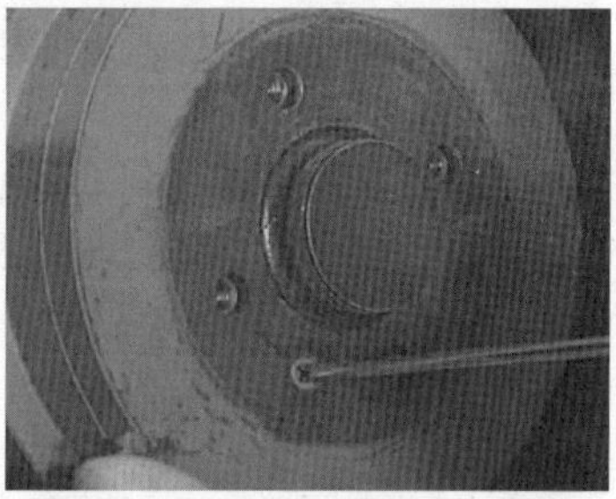

□图 12-45　拆卸制动毂定位螺栓

注⑥：注意检查举升机举升位置及举升安全。

操作流程

□ 3．拆下固定螺钉，取下制动毂（注⑦），拆卸制动蹄两个定位弹簧及定位销，如图12-46和图12-47所示。

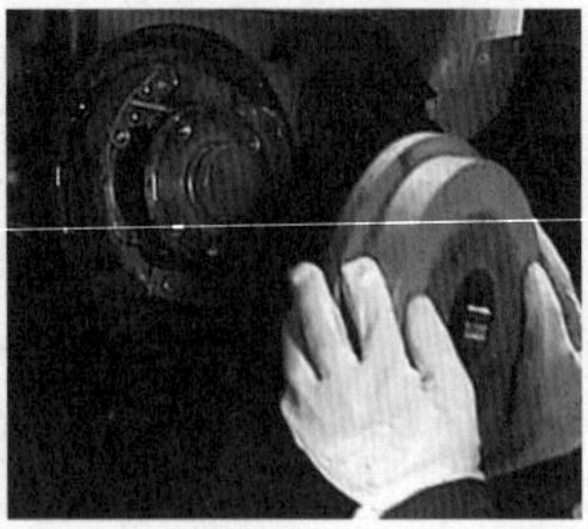

□图 12-46　取下制动毂

□图 12-47　拆卸定位弹簧

□ 4．撬出两制动蹄下端并拆下制动蹄下端复位弹簧，如图12-48和图12-49所示。
□ 5．拔下制动分泵防尘帽，拉出制动分泵及油管，如图12-50和图12-51所示。（注⑧）

□图 12-48　撬出制动蹄下端

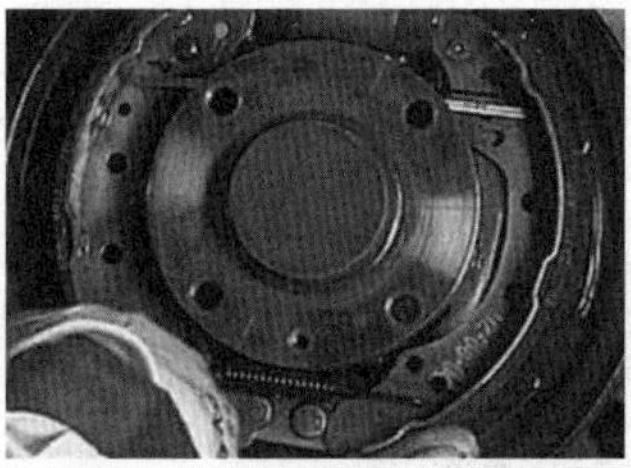

□图 12-49　拆卸复位弹簧

□图 12-50　拔下分泵防尘帽

□ 6．取下两制动蹄并分离驻车制动器拉线并检查，分解两制动蹄及传动板、弹簧，如图12-52和图12-53所示。

□图 12-51　拉出油管

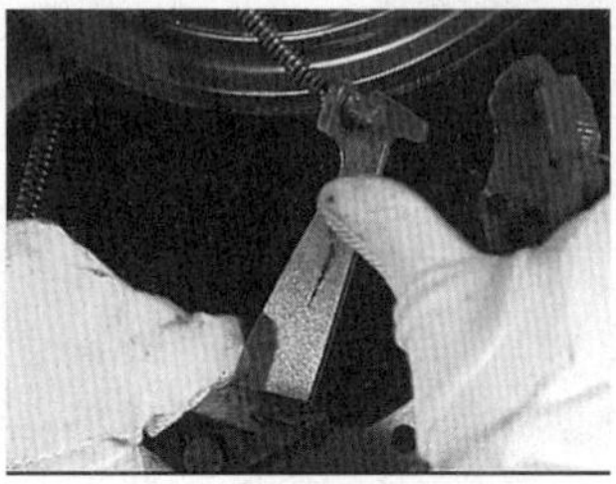

□图 12-52　分离驻车制动器拉线

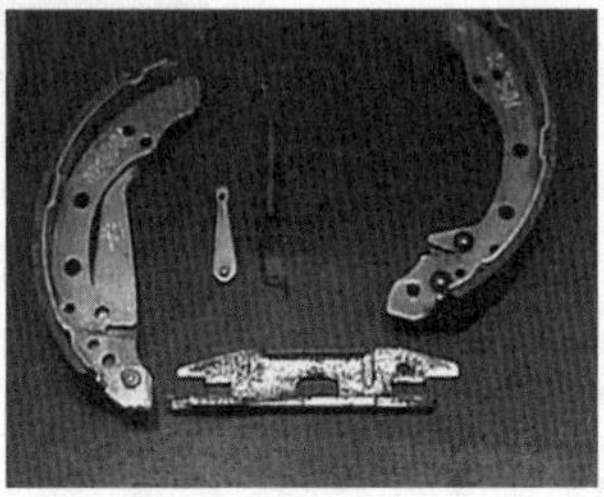

□图 12-53　分解制动蹄及传动板、弹簧

步骤四　鼓式制动器的组装

□ 1．组装两制动蹄及传动板、弹簧，安装驻车制动器拉线（先用钳子压缩弹簧拉出拉线，然后再将拉线挂上制动蹄），如图12-54和图12-55所示。

鼓式制动器的优点是__________________________________；缺点是______________________________。

注⑦：有的车型要注意松开制动间隙自调装置。
注⑧：检查分泵和油管是否漏油或卡滞。

<table>
<tr>
<td>操作流程</td>
<td>
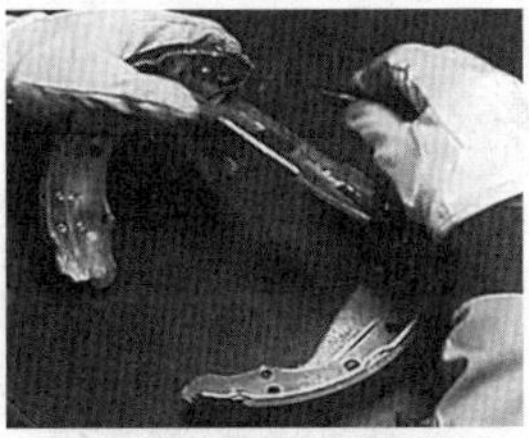
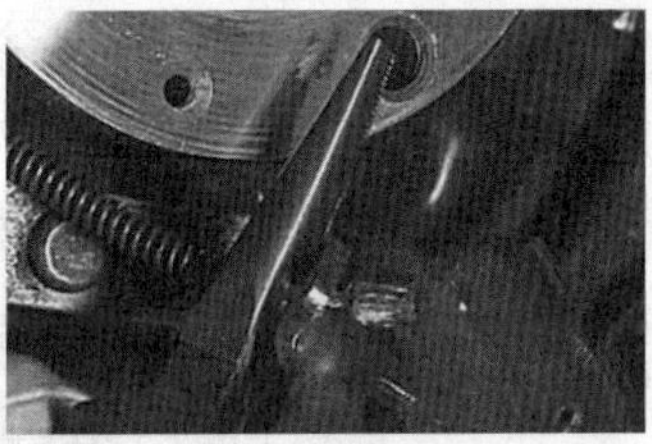

□图 12-54 组装两制动蹄 □图 12-55 安装驻车制动器拉线

□ 2．将两制动蹄装在制动底板上并卡在分泵上，如图12-56和图12-57所示。

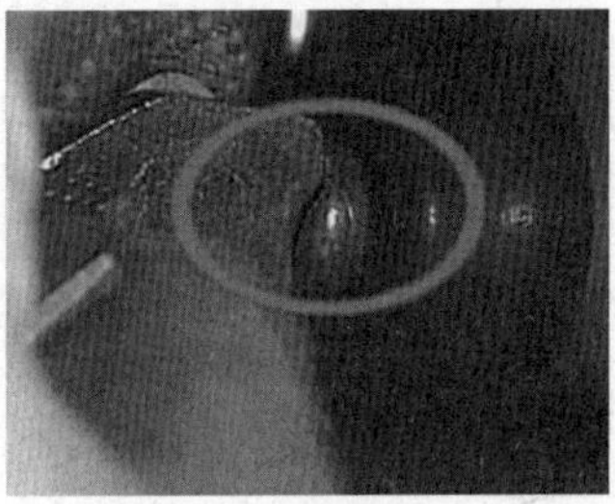

□图 12-56 安装两制动蹄 □图 12-57 将制动蹄卡在分泵上

□ 3．安装分泵固定螺栓并紧固，用尖嘴钳安装制动蹄下端复位弹簧，如图12-58和图12-59所示。

□图 12-58 紧固分泵固定螺栓 □图 12-59 安装复位弹簧

□ 4．安装制动蹄下端至制动底板定位槽中，安装制动蹄定位弹簧及定位销，如图12-60和图12-61所示。

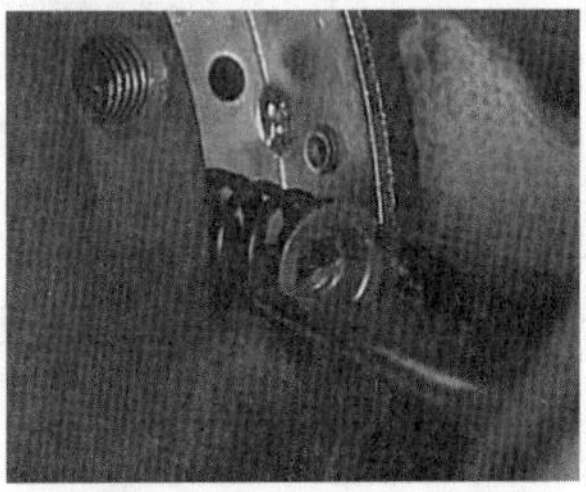

□图 12-60 安装制动蹄下端 □图 12-61 安装定位弹簧
</td>
</tr>
</table>

<table>
<tr><td rowspan="1">操作流程</td><td>□ 5．安装制动毂，拧紧定位螺钉，安装车轮螺栓并用扭力扳手按规定力矩拧紧（注⑨），安装完成后试车，如图12-62和图12-63所示。

□图 12-62　拧紧定位螺钉

□图 12-63　安装车轮</td></tr>
<tr><td>设备使用</td><td>□ 工具选用是否正确　□ 工具使用是否正确　□ 防护是否到位</td></tr>
<tr><td colspan="2">检查与评估</td></tr>
<tr><td>注意事项</td><td>1．新制动片、制动盘表面有防锈剂，安装前应清洗。
2．更换制动片、制动盘时必须同轴、成对更换，避免跑偏。
3．各螺栓必须按照规定力矩拧紧。
4．更换制动片结束后，必须原地踩几次制动踏板，消除制动器间隙。</td></tr>
<tr><td>6S管理规范（教师点评）</td><td>□整理　□整顿　□清扫　□清洁　□素养　□安全</td></tr>
<tr><td>成绩评定（学生点评）</td><td>小组对本人的评定：□优　□良　□及格　□不及格
学生本次任务成绩：□优　□良　□及格　□不及格</td></tr>
<tr><td colspan="2">任务拓展</td></tr>
<tr><td colspan="2">气压制动系统（见图12-64）是怎样工作的？由哪些部件（见图12-64中件1～件12）组成？
____
____
____
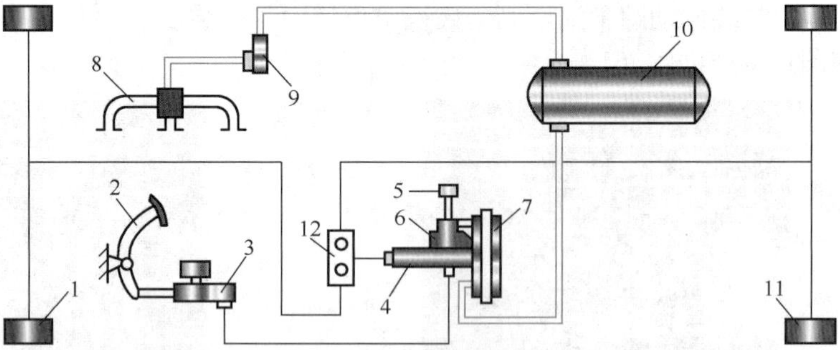

图 12-64　气压制动系统</td></tr>
</table>

注⑨：一般扭矩大小要根据车型的维修手册确定，此车轮胎紧固力矩为110N·m。

专业考核评分表——制动器分解与组装

<table>
<tr><td colspan="7">班级： 组别： 组长： 日期：</td></tr>
<tr><td colspan="7">技术标准：1. 制动器分解与组装流程；2. 制动器分解与组装要求</td></tr>
<tr><td>序号</td><td>作业项目</td><td>考核内容</td><td>考核标准</td><td>分值</td><td>扣分</td><td>得分</td></tr>
<tr><td rowspan="2">1</td><td rowspan="2">准备环节</td><td>正确选用工具</td><td>选错1次扣2分</td><td rowspan="2">5</td><td></td><td></td></tr>
<tr><td>正确使用工具</td><td>用错1次扣2分</td><td></td><td></td></tr>
<tr><td rowspan="2">2</td><td rowspan="2">拆卸环节</td><td>车轮拆卸</td><td rowspan="2">按照标准流程规范拆卸，错1次扣2分</td><td rowspan="2">25</td><td rowspan="2"></td><td rowspan="2"></td></tr>
<tr><td>盘式/鼓式制动器拆卸</td></tr>
<tr><td rowspan="4">3</td><td rowspan="4">检查环节</td><td>制动片检查</td><td rowspan="4">按照标准流程规范检查，错1次扣5分</td><td rowspan="4">25</td><td></td><td></td></tr>
<tr><td>制动盘检查</td><td></td><td></td></tr>
<tr><td>制动钳检查</td><td></td><td></td></tr>
<tr><td>制动分泵和油管的检查</td><td></td><td></td></tr>
<tr><td rowspan="3">4</td><td rowspan="3">安装环节</td><td>盘式/鼓式制动器安装</td><td rowspan="2">按照拆卸倒序安装，错1次扣4分</td><td rowspan="2">25</td><td></td><td></td></tr>
<tr><td>车轮安装</td><td></td><td></td></tr>
<tr><td>制动器复位</td><td>未复位扣10分</td><td>10</td><td></td><td></td></tr>
<tr><td>5</td><td colspan="2">项目实训时间</td><td>≤10min 10分
10～16min 5分
≥16min 0分</td><td>10</td><td></td><td></td></tr>
<tr><td colspan="4">质检员： 评分员：</td><td colspan="2">合计得分</td><td></td></tr>
<tr><td colspan="7">教师点评：

团队合作：优秀□ 良好□ 及格□ 不及格□ 分工明确：优秀□ 良好□ 及格□ 不及格□
专业标准：优秀□ 良好□ 及格□ 不及格□ 操作规范：优秀□ 良好□ 及格□ 不及格□</td></tr>
<tr><td colspan="7">教师签字： 年 月 日</td></tr>
</table>

注：实训未按规范操作，导致设备损坏或人身伤害，本次考核记0分。

实训项目十三　制动系统

任务一　制动系统认知

课时：________

班级：	组别：	姓名：	掌握程度：□优　□良　□及格 □不及格

一、工作任务

1．了解汽车制动系统的结构及原理。

2．掌握制动系统的维护与排气方法。

二、原理与应用

1．作用

如图13-1所示，汽车制动系统的作用是：____。

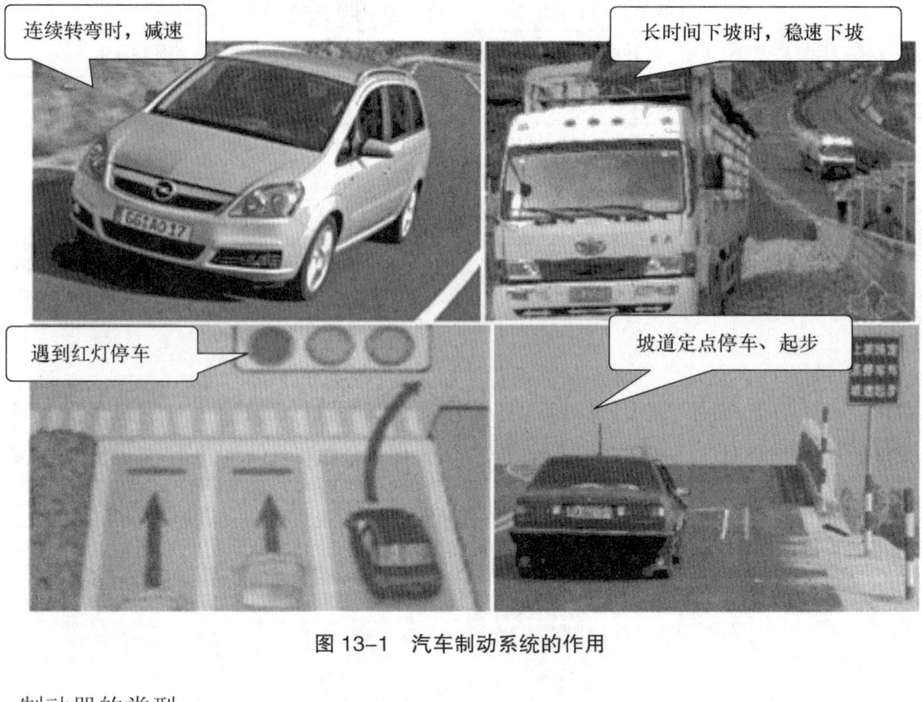

图 13–1　汽车制动系统的作用

2．制动器的类型

如图13-2所示，简述两种制动器的类型及其区别。

____

____

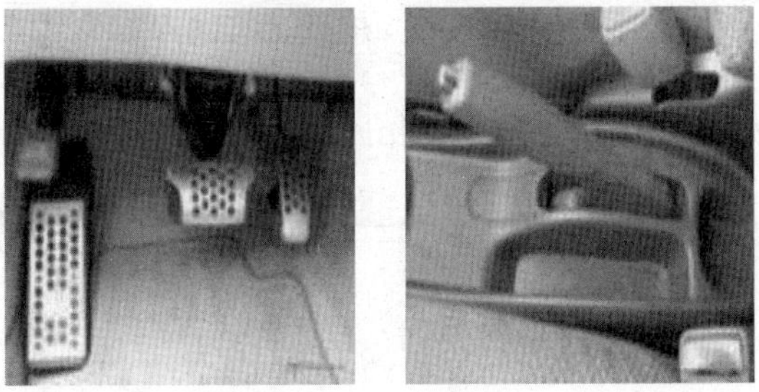

图 13–2 制动器的类型

3．制动系统结构组成及作用

写出图13-3所示制动系统各组成部分的名称及作用。

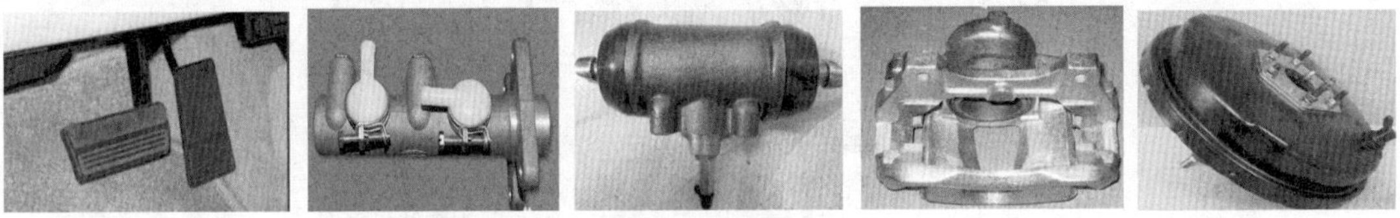

（a） （b） （c） （d） （e）

图 13–3 制动系统

图13-3（a）为____________，作用：____________________________________。

图13-3（b）为____________，作用：____________________________________。

图13-3（c）为____________，作用：____________________________________。

图13-3（d）为____________，作用：____________________________________。

图13-3（e）为____________，作用：____________________________________。

4．制动系统的检查及维护

（1）制动踏板工作状况检查，如图13-4所示。

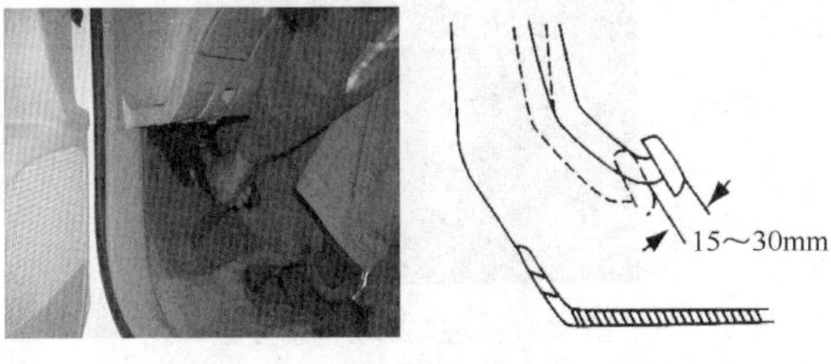

图 13–4 制动踏板工作状况检查

① 用直尺测量从地板到制动踏板的距离，总高度应在__________mm之间。

② 用直尺测量制动踏板自由行程，液压制动的踏板自由行程一般在__________mm。

（2）真空助力器检查。

① 密封性检查。发动机怠速运转1～2min后，踩下____________数次，并在最低位置保

持踏板力不变，停止发动机运转，如果踏板高度在_____s内无变化，则说明真空助力器密封性能好，如图13-5所示。

② 助力功能检查。停止发动机运转，以相同踏板力踩制动踏板_____次，然后踩住踏板不动，起动发动机。此时若制动踏板________________________，则说明真空助力器助力功能正常。

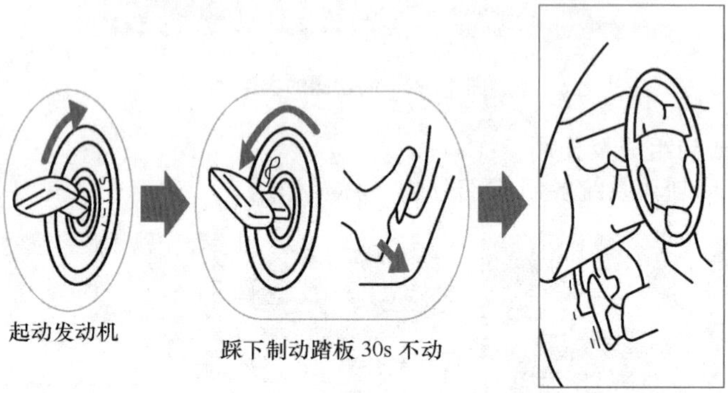

图 13-5 真空助力器检查

（3）驻车制动系统检查，如图13-6所示。

① 用__________的力拉驻车制动器，规定行程为：___________mm。

② 若不符合行程规定，调节_________________上的调节螺母。

③ 完全松开驻车制动器，驻车制动器指示灯应________________，拉动驻车制动器后应______________，如______________应检查灯泡和线路。

图 13-6 驻车制动系统检查

案例分享

【故障现象】

大众Polo轿车，制动系统采用“前盘后鼓”的形式，行驶7.5万千米，车辆出现制动“发软”，制动踏板踩到底，仍感觉制动力不足，制动效果差等故障。

【故障诊断】

1. 初步判断，制动管路内有空气，首先对各个分泵进行放气，发现左后分泵有空气，放气结束后试车，制动效果暂时正常，客户使用几天后反映故障依旧。

2. 检查各个分泵内是否有空气，结果发现左后分泵还是有空气。

3. 检查制动总泵及其管路，未发现有漏油现象。总泵的进油口泄漏或总泵泄漏会导致制动系统有空气同时会有漏油现象，并且不止一个分泵有空气，从而可排除制动总泵故障。

4. 检查制动液沸点，沸点低则制动液会产生气体，但经测试，制动液的含水量均符合标准，因而排除制动液的因素。

5. 经过分析，最终判断是左后分泵故障。

【故障排除】

更换左后分泵，加注新制动液并放气，试车，故障排除。

【故障原因】

后分泵不仅产生行车制动力，而且还产生驻车制动力。行车制动力是通过油压推动活塞产生的，驻车制动力是驻车制动器拉线拉动制动蹄产生的。当拉起驻车制动器时，制动蹄张开，使分泵腔内产生负压，如果分泵活塞的密封圈的弹性变大，这时负压的泵腔内就有可能吸入空气，从而使制动系统内产生气体，造成制动“发软”的故障。

【案例总结】

制动“发软”故障原因如下。

1. 制动液压力不足（制动总泵缺油，制动管路破裂，油管接头渗漏，油路堵塞等）。

2. 制动系统内有空气。

3. 制动踏板自由行程或制动器间隙过大，制动蹄、制动片接触不良、磨损严重或有油污。

4. 制动总泵、分泵活塞和缸管磨损或拉伤，皮碗老化损坏。

思考题

1. 防抱死制动系统与常规制动系统有什么不同？

2. 电动汽车与燃油汽车的制动系统有什么区别？

任务二　制动系统维护与排气

课时：__________

<table>
<tr><td>班级：</td><td>组别：</td><td>姓名：</td><td>掌握程度：□优　□良　□及格　□不及格</td></tr>
<tr><td>实训目的</td><td colspan="3">1．了解制动系统维护的内容；2．掌握制动系统维护与排气的方法。</td></tr>
<tr><td>安全注意事项</td><td colspan="3">注意个人及设备安全，规范操作，严格执行6S管理。</td></tr>
<tr><td>实训器材</td><td colspan="3">整车、世达工具、检测笔、沸点检测仪、棉纱手套、制动液回收器、整车防护七件套、制动液等。</td></tr>
<tr><td>教学组织</td><td colspan="3">每辆车按6位学员（组长1人、主修1人、辅修1人、观察员1人、评分1人、质检1人）作业，循环操作。</td></tr>
<tr><td>操作步骤演示</td><td colspan="3">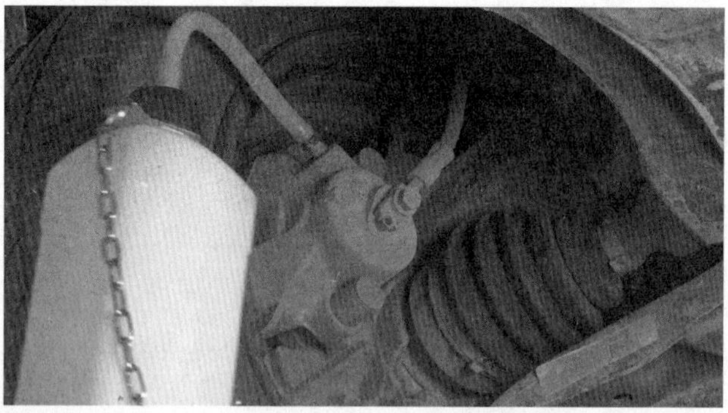
微课
制动系统维护与排气</td></tr>
<tr><td>任务</td><td colspan="3">作业记录内容　☑正确　☒错误</td></tr>
<tr><td>前期准备</td><td colspan="3">□ 1．护具——棉纱手套、整车防护七件套（车外三件套、车内四件套），如图13-7～图13-9所示。（注①）
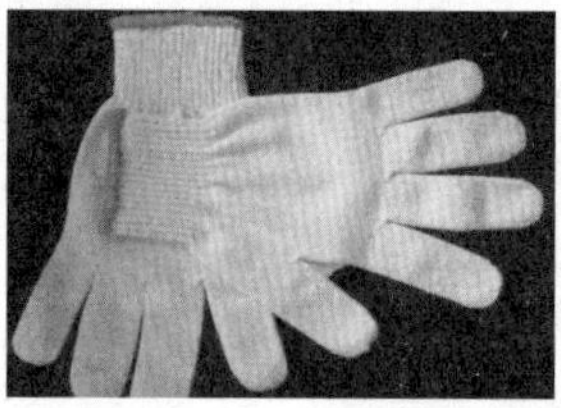
□图 13-7　棉纱手套
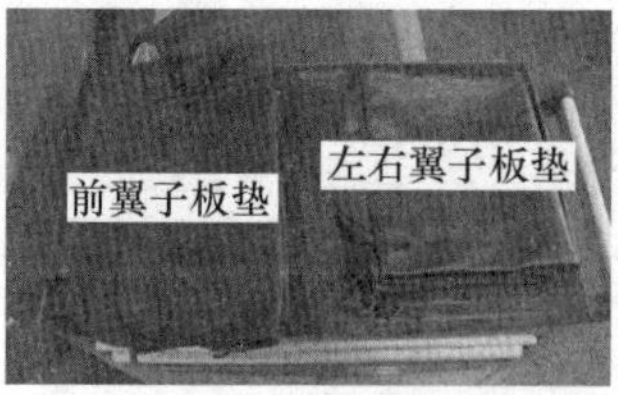

□图 13-8　车外三件套
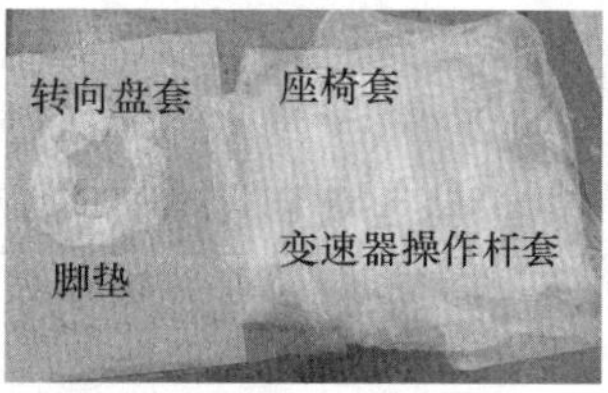

□图 13-9　车内四件套
□ 2．工具及耗材——整车、制动液回收器、检测笔、世达工具、制动液、沸点检测仪等，如图13-10～图13-14所示。</td></tr>
</table>

注①：准备工作一定要注意四到位。1．防护到位；2．工具到位；3．设备到位；4．耗材到位。

前期准备	 □图 13-10　制动液回收器  □图 13-11　检测笔  □图 13-12　世达工具  □图 13-13　制动液 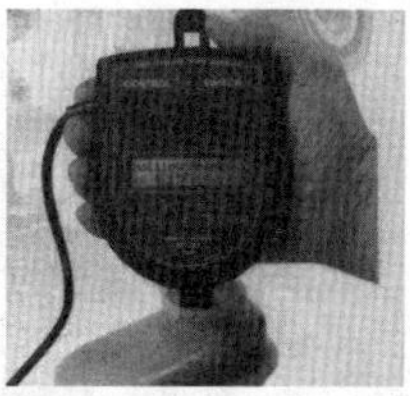 □图 13-14　沸点检测仪
安全检查	□检查车辆驻车制动器是否拉起及变速杆是否处于空挡。 □检查实训台架及周围安全。 □举升车辆时，进行举升机的安全检查。 □检查举升机与车辆支点位置。 □举升车辆时，检查举升机升降过程。（注②）
防护工作	防护工作的操作步骤如图13-15～图13-17所示。  □图 13-15　人身防护  □图 13-16　车身防护  □图 13-17　车内防护
操作流程	**步骤一　制动系统检查** □ 1．制动液液位检查：检查制动液液位是否在最高刻度线和最低刻度线之间，如图13-18所示。 □ 2．制动液含水量检查：用检测笔检查制动液含水量。制动液含水量若低于0.5%或超过2.5%，则必须更换，如图13-19所示。（注③） □ 3．用沸点检测仪检测制动液沸点，正常沸点要求在260℃左右，低于160℃必须更换制动液，如图13-20所示。 □ 4．检查制动管路、总泵、分泵是否有漏油现象，如图13-21所示。

注②：举升过程中若有异常或异响，应立即停止当前作业并及时和教师联系，不得擅自处理。

注③：车辆制动摩擦产生的高温很容易让水分汽化，气体具有可压缩性，当制动液把制动力输送到各分泵上时，动力消耗在压缩气泡上，造成局部制动失效。

操作流程

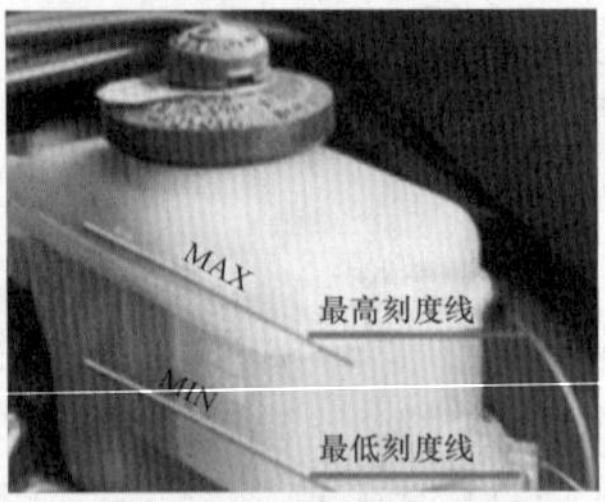

□图 13-18　液位检查

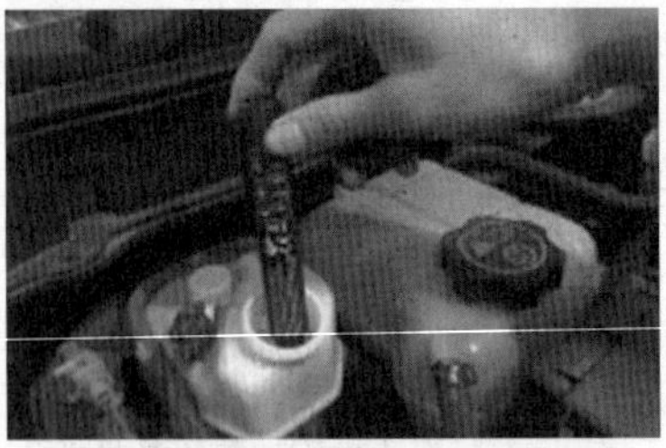
□图 13-19　含水量检查

□图 13-20　沸点检查

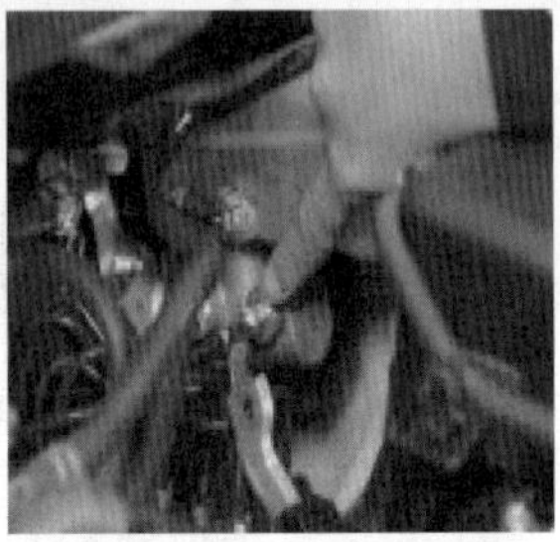
□图 13-21　漏油情况检查

□ 4．查询制动液使用周期及型号。制动液更换周期一般为两年或4万千米，型号为合成型DOT3、DOT4或专用型，如图13-22和图13-23所示。（注④）

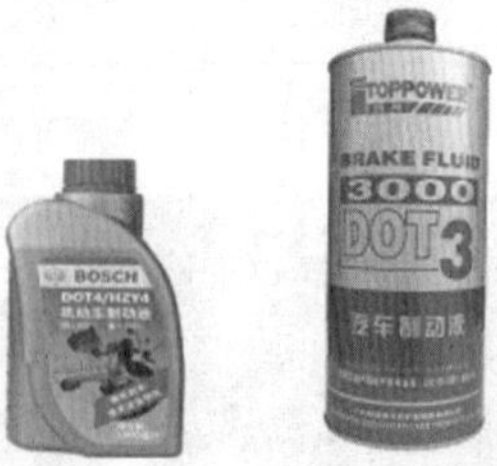

□图 13-22　合成型制动液

□图 13-23　车型专用型制动液

步骤二　更换制动液与排气

□ 1．加注制动液，如图13-24所示。举升车辆，找到分泵放气螺栓位置，如图13-25所示。

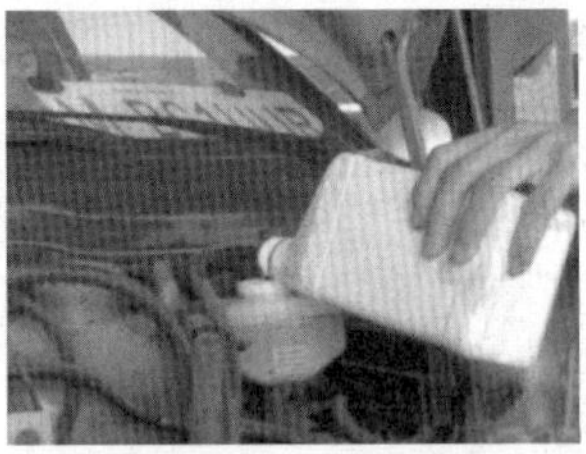
□图 13-24　加注制动液

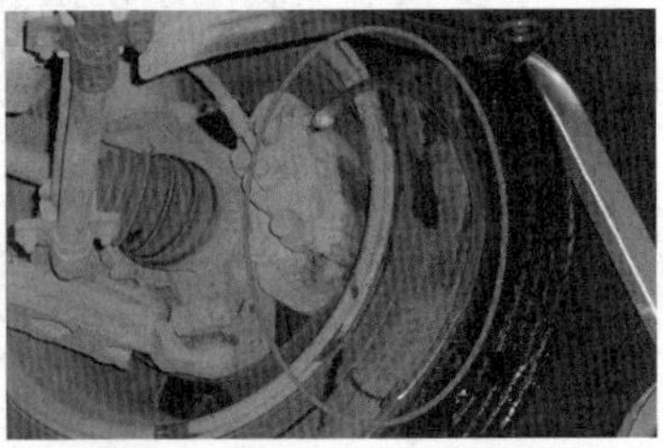
□图 13-25　放气螺栓位置

注④：在添加制动液时要特别注意不同规格的制动液不能混用，不同厂家生产的同规格制动液也尽量不要混用，否则会因配方不同而分层或产生化学变化，影响制动液性能，降低汽车制动效能。如无相同厂家生产的相同规格制动液，应将制动系统中的制动液全部更换，以确保行车安全。

<table>
<tr><td>操作流程</td><td>□ 2．将制动液回收器软管接至分泵放气螺栓处，如图13-26所示。一人连续踩踏制动踏板，直到踏板踩不下去为止，踩住制动踏板后，一人松开放气螺栓进行放气，如图13-27所示，待没有气体逸出后，拧紧放气螺栓。（注⑤）
为什么踩住制动踏板后才可放气？
____
____
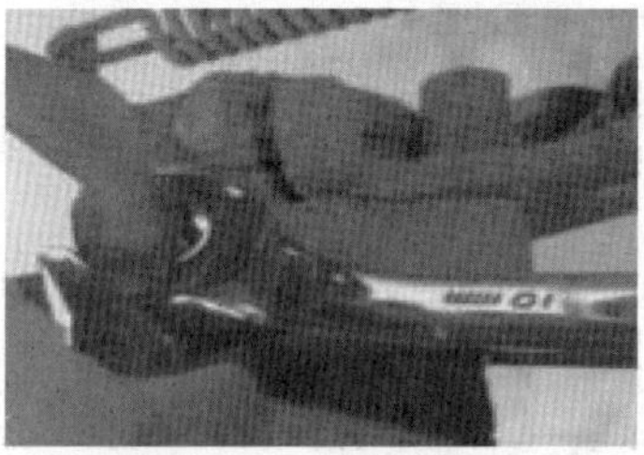
□图 13-26　连接制动液回收器
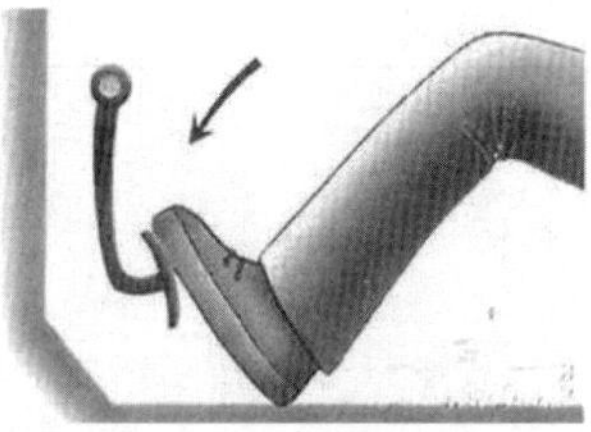
□图 13-27　进行排气
□ 3．继续踩踏制动踏板至踩不下去为止，然后踩住不动，再松开放气螺栓放气，重复操作几次，直至空气完全排出或流出新制动液后，用扳手拧紧放气螺栓即可，如图13-28和图13-29所示。
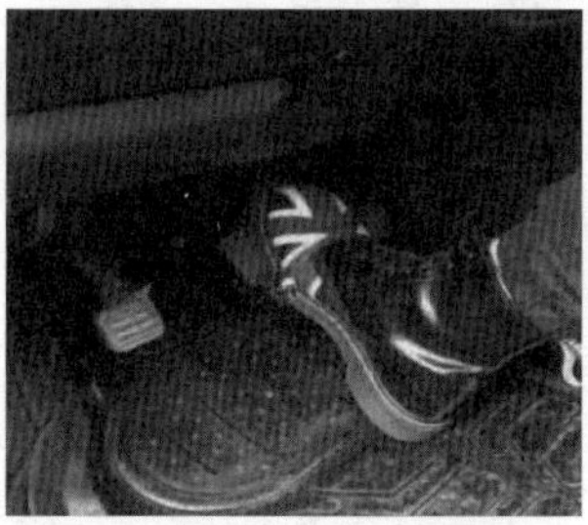
□图 13-28　踩踏制动踏板
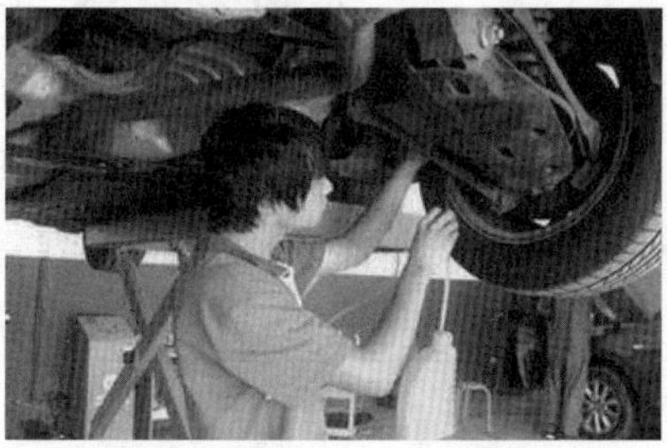
□图 13-29　排气并观察
□ 4．补充制动液，检查制动液液位是否符合要求。最后试车检查制动效果。</td></tr>
<tr><td>设备使用</td><td>□ 工具/量具选用是否正确　□ 工具/量具使用是否正确　□ 防护是否到位</td></tr>
<tr><td colspan="2">检查与评估</td></tr>
<tr><td>注意事项</td><td>1．禁止制动液洒在汽车漆面上，制动液对漆面腐蚀很严重。
2．排气时禁止松开制动踏板，避免空气进入。
3．注意防抱死制动系统排气与上述排气方法不同。</td></tr>
<tr><td>6S管理规范
（教师点评）</td><td>□整理　□整顿　□清扫　□清洁　□素养　□安全</td></tr>
<tr><td>成绩评定
（学生总结）</td><td>小组对本人的评定：□优　□良　□及格　□不及格
学生本次任务成绩：□优　□良　□及格　□不及格</td></tr>
</table>

注⑤：应从离总泵最远的分泵开始逐个排气，一般排气顺序为右后轮、左后轮、右前轮、左前轮。

任务拓展
速腾轿车防抱死制动系统（见图13-30）是怎样工作的？ ______ ______ ______ ______ ______

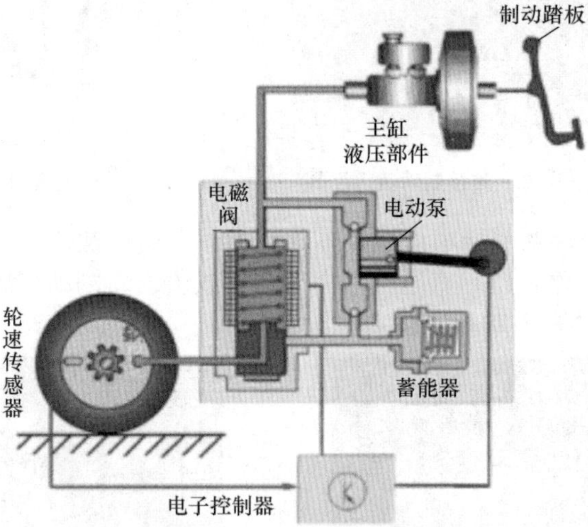

图 13-30　防抱死制动系统

专业考核评分表——制动系统维护与排气

班级：		组别：	组长：	日期：		
技术标准：1. 制动系统维护与排气流程；2. 制动系统维护与排气要求						
序号	作业项目	考核内容	考核标准	分值	扣分	得分
1	准备环节	正确选用工具	选错1次扣1分	5		
		正确使用工具	用错1次扣1分			
		正确选用量具	选错1次扣1分	5		
		正确使用量具	用错1次扣1分			
2	检测环节	制动液液位的检查	正确使用工量具，结果应正确，错1次扣5分	10		
		制动液含水量检查				
		制动液沸点检查				
		制动管路、总泵、分泵检查		10		
3	排气环节	加注新制动液	按照标准流程规范操作，错1次扣5分	10		
		车内人员连续踩住制动踏板，并清晰发出指令		15		
		车外操作人员松开和关闭放气螺栓，并做出清晰的应答		15		
		按右后轮、左后轮、右前轮、左前轮顺序放气		20		
4	项目实训时间		≤10min　10分 10～16min　5分 ≥16min　0分	10		
质检员：		评分员：		合计得分		
教师点评： 团队合作：优秀□ 良好□ 及格□ 不及格□　　分工明确：优秀□ 良好□ 及格□ 不及格□ 专业标准：优秀□ 良好□ 及格□ 不及格□　　操作规范：优秀□ 良好□ 及格□ 不及格□						
教师签字：				年　月　日		

注：实训未按规范操作，导致设备损坏或人身伤害，本次考核记0分。

附录A 实训项目6S管理考核评分表

班级：		组别：		组长：	日期：	
序号	分类	项 目	操作内容	确认	分值	得分
1	准备环节	实训项目确认	实训项目与场所是否相符	□	10	
2		实训资料准备	学生证/实训手册	□		
3		个人防护用品	手套/工作服/眼镜等	□		
4		车身防护用品	整车防护七件套	□		
5		实训设备	依据实训手册要求	□	5	
6		实训工具		□		
7		实训耗材		□		
8	实操环节	常用工具/量具使用	符合规范和要求	□	15	
9		专用工具/量具使用	符合实操内容要求	□		
10		操作顺序	按照实训手册要求	□	15	
11		操作记录	按照规范要求	□		
12		操作部件放置	按照6S规范	□		
13		操作规范	按照标准流程	□	15	
14		操作正确	正确使用工具/量具	□		
15		操作准确	拆装符合标准（力矩）	□		
16	质检环节	工具使用规范	符合实训标准	□	15	
17		操作失误	违反操作流程	□		
18		一般实训事故	漏油、漏水/工具落地/安全凳未放在规定支撑点等	□		
19		较大事故	设备损坏/车辆损坏/零部件损坏	□		
20	6S管理	设备归位	车落地/设备到位	□	15	
21		工具归位	工具入箱/工具车到位	□		
22		耗材归位	可用材料归位/废品按规范处理	□		
23		地面清扫	清扫/整洁/整齐	□		
24		记录填写	实训日志规范填写	□		

25	实训小结	质检报告实训全过程	准备阶段/实操（工量具使用/流程符合标准）/实训规范	□	10	
26		评分	打分并予以说明	□		
27		组长小结点评	小结实训/点评到人	□		
质检员：			**评分员：**	**合计得分**		
教师点评： **团队合作：**优秀□ 良好□ 及格□ 不及格□　　**分工明确：**优秀□ 良好□ 及格□ 不及格□ **专业标准：**优秀□ 良好□ 及格□ 不及格□　　**操作规范：**优秀□ 良好□ 及格□ 不及格□						
教师签字：				年　　月　　日		

注：实训未按规范操作，导致设备损坏或人身伤害，本次考核记0分。

如有需要可自行复印此表。进行实训项目时由质检员和评分员填写此表，实训项目完成后，由教师将点评意见和学生实训成绩填写在表上。教务部门可将此作为实训效果评测内容之一。

附录B ______学校汽车底盘机械系统实训报告

<table>
<tr><td>班级</td><td></td><td>报告人</td><td></td><td>报告日期</td><td></td></tr>
<tr><td>实训项目</td><td colspan="3"></td><td>实训时间</td><td></td></tr>
<tr><td colspan="6">实训目标：</td></tr>
<tr><td>实训准备：</td><td colspan="5">（按照工单要求检查核对）</td></tr>
<tr><td>设备：</td><td colspan="5"></td></tr>
<tr><td>工具：</td><td colspan="5"></td></tr>
<tr><td>耗材：</td><td colspan="5"></td></tr>
<tr><td>其他：</td><td colspan="5"></td></tr>
<tr><td colspan="6">实训流程：</td></tr>
<tr><td colspan="6">实训结果（或测试数据）：</td></tr>
<tr><td colspan="6">实训体会：

实训人（签名）：</td></tr>
<tr><td colspan="6">教师点评：

教师签名：
日　　期：</td></tr>
<tr><td>实训成绩</td><td colspan="5">优秀○　良好○　及格○　不及格○</td></tr>
</table>

注：如有需要可自行复印此表。每个实训项目完成后，该实训小组须填写此表。教务部门可将此作为实训效果评测内容之一。